¡Ten cuidado, José!

Sobre toda cosa guardada, guarda tu corazón…

Erwin Bru

Agradecimientos

A Blasina, Esperanza, Patricia, Emelda; mujeres audaces que en nuestra vida han jugado papel muy importante.

A Los pastores, líderes y demás miembros de iglesia "La gran familia"; por extender su mano para ayudarnos en momentos de gran necesidad.

A nuestros padres José Luis y Felicidad; gracias por ser instrumentos escogidos por Dios para concedernos el milagro de vivir y existir.

Imposible que falte, nuestro agradecimiento para Aida e Iveth; un par de mujeres valiosas a las que queremos honrar en esta obra. Las cuales fueron acogidas por nuestra familia ganando lugar especial en nuestros corazones. Dos grandes bendiciones.

A Pablo Olier y Arturo Cochero; gracias por haber sido instrumentos de Dios en aquel "rescate" peliculesco, sin el cual, la vida de este servidor, fuera otro cuento. Dicho episodio será narrado, en el capítulo 7 del presente texto.

A los demás familiares, a los viejos amigos y a nuestros amados vecinos; aprovechamos la oportunidad para pediros perdón, por nuestro distanciamiento y confuso comportamiento hacia ellos, los primeros años luego de iniciada nuestra conversión. Al completar la lectura de este libro comprenderán muchas de la razones; algunas tal vez sin justificación, pero en su mayoría, por obediencia a Nuestro Creador. Pedimos que no se escandalicen por algunas de las cosas que en este libro leerán; solo son situaciones que pasaron en algún momento, pero dejémoslas atrás.

A los habitantes de nuestro amado barrio "El Socorro", ubicado en la ciudad de Cartagena-Colombia; queremos deciros con firmeza: sí se puede; y que en Dios los sueños son posibles.

A todos los que, de una u otra forma, hicieron posible el relato que contiene este libro; sepan o recuerden que: Dios hace que todas las cosas cooperen para el bien de los que lo aman y son llamados según el propósito que Él tiene para ellos (Romanos 8:28, versión NTV)... simplemente, gracias.

El agradecimiento más importante, para quien siempre fue, nuestro pronto auxilio; El Padre, El Espíritu Santo, El Hijo... Nuestro Padre, Nuestro Amado, Nuestro Amigo... Nuestro Señor y Salvador... Nuestro Todo. Nunca estuvimos solo; siempre fue, ha sido y será Nuestro máximo apoyo. Sin Él nada es posible; cada logro y galardón solo tendrán sentido, si son para la honra del Gran Dios Divino. Porque Suyo es el reino, el poder y la gloria por todos los siglos; Amén.

Índice

Prólogo

Hay una frase común y cotidiana, que dice: "la iglesia (congregación) es un hospital de pecadores"; decimos mejor que es una sala para cirugía de corazones. Es uno de los lugares claves, si no el más idóneo, para la transformación de cada obrero del Señor. Llegamos a los pies de Cristo con hábitos, pensamientos y costumbres que requieren renovación; para ésta es necesario entrar a un proceso en el cual Dios modificará muchos aspectos de nuestra vida, con la finalidad de podernos usar conforme a su propósito y voluntad. Si permitimos dicho proceso; esto nos convertirá en instrumentos útiles, para servirle a nuestro Señor y dueño.

Muchos libros cristianos son escritos con la intención de instruir a los conversos para que se enfrenten al mundo, a fin de luchar contra el reino de las tinieblas y disfrutar de las promesas de Dios, entre otras cosas; pero pocos hablan de la lucha que se vive dentro de la misma congregación (y fuera de ella). De aquellos choques que podrían presentarse entre unos y otros, mientras sucede nuestro proceso de transformación personal. En este complejo procedimiento es completamente vital y necesario, guardar nuestro corazón; evitando retroceder o desertar de las filas de este glorioso ejército de siervos, en el que somos entrenados por nuestro General, El Señor.

Amado lector, en sus manos tiene una valiosa herramienta, que toma la vivencia personal de un escogido de Dios, para que el testimonio narrado sirva como advertencia y motivación a todo aquel que esté siendo procesado para servirle al Señor. Tocamos con la menor censura posible, algunos acontecimientos dolorosos y confusos, que pueden suceder dentro y fuera de la congregación. Sepan que no hay iglesia (congregación) perfecta, pues en ellas hay muchas personas "imperfectas", que solo podrán alcanzar la perfección en la eternidad si se arrepienten de sus pecados y cumplen la voluntad de Dios.

Quizás nuestra narración sea motivo de desacuerdos para algunos críticos de la literatura cristiana; pero es necesario que la "Generación de la última hora", comprenda a lo que podría enfrentarse en estos difíciles "tiempos finales".

"Delante de Dios, cada quien es responsable de guardar su propio corazón"; esta es la recomendación central de este libro. El propósito es decirle a cada persona que es o quiere ser instrumento en las manos del Creador, que pase lo que pase, dentro o fuera de la congregación; jamás desatienda y nunca renuncie, al llamamiento del Señor.

1. Escogido para Él
Para su propósito

Una sensación indescriptible... ¿Que me sucede?

Escuchando música desde un viejo computador, canciones de un artista reconocido llamaron su atención. Sentado se encontraba en la silla de una oficina improvisada, realizando una labor no deseada. Entre un montón de canciones que en este computador guardaba, solo algunas, las de dicho artista, eran cristianas. En múltiples ocasiones, José, ya las había escuchado antes; pero aquella vez fue algo único e inolvidable.

De repente, apreciando la letra de una de estas canciones, algo nunca antes experimentado, sucedió: su cuerpo sintió algo inexplicable; una sensación indescriptible, deliciosa, arrulladora y refrescante. Esta percepción brotaba desde su alma, desde su ser interior; pero a la vez invadía todo a su alrededor. Lágrimas de sus ojos bajaban; su cuerpo vibraba y sudaba; era violento, pero a la vez le agradaba. La canción una y otra vez escuchaba, mientras esa sensación desahogaba todo aquello que en el momento le agobiaba.

Era una especie de consolación mezclada con un poco de confusión. No entendía muy bien lo que pasaba, pero en el fondo no quería que terminara. José, parecía tener idea de alguna inexplicable manera, de saber quién era. Al pasar los minutos, sentía su corazón despejado; no quería salir de allí, pues todo se tornaba muy liviano.

Luego sintió una paz que no podía describir; una paz que no alcanzaba a entender. Finalmente, se rindió, diciendo: "está bien; si eso es lo que quieres, eso haré". Al Dador de la vida, rendía su voluntad; empezando una loca aventura, de la cual no escaparía jamás.

Señor, muéstrame donde… ¡Ummm! tengo mis dudas.

Días después, en medio de inexplicables situaciones que ocurrían en su vida; José le pidió al Señor que lo ubicara en una iglesia. Alguna de sus tías llevaban poco tiempo asistiendo a una en particular; pero él vacilaba con recelo, por ciertos argumentos que tenía entorno de este tipo de congregaciones.

Cierto sábado, en su ignorancia y casi nulo conocimiento de las escrituras, le pidió al Señor una señal. En ese instante, una de sus tías le habló desde el pasillo entre las habitaciones, pidiéndole que la acompañara. Levantándose de su cama, envuelto en esa nueva e inexplicable sensación que brotaba de su interior y le consolaba; José accedió y le acompañó.

Ese día, 17 de septiembre de 2005, en medio de un servicio de clamor y ayuno, tuvo una visión; la cual le confirmaba que este era el lugar en el que debía congregarse. En este sitio se iniciaría el proceso de transformación, el cual lo prepararía para cumplir con el llamamiento y propósito de Dios.

¡Yo quiero hacer eso! ¡¡Yo quiero estar allí!!

Algunos meses, antes de los episodios descritos anteriormente, a una de las tías de José le habían diagnosticado cáncer. Esta fue la razón por la cual algunas de sus otras tías fueron movidas, a "buscar a Dios" en dicha congregación. Fueron motivadas por otro familiar que ya hacia parte de esta comunidad

El poder de Dios se derrama; por gracia o por misericordia, la sanidad ocurrió. Dios regaló a la tía de José una nueva oportunidad, sanándola de esta enfermedad; o por lo menos regalándole unos años más de vida. Esto llenó de curiosidad a José y lo movió a realizar una investigación sobre esta "religión" de la cual había dicho en años anteriores, que nunca pertenecería a ella. Esto era porque hasta el momento, tenía conceptos equivocados sobre la misma.

Empezó a sintonizar un canal cristiano de televisión, viendo y escuchando la palabra de Dios a través de diversos predicadores. Comenzó a mostrar interés al percatarse de que no era lo imaginado por él; lo que conocía de esta doctrina eran conceptos un poco extremistas y legalistas, que causaban rechazo en su corazón hacia la misma.

En cierta ocasión se encontraba viendo en dicho canal televisivo, a un predicador internacionalmente reconocido. Las palabras de éste pastor, las reacciones del auditorio, el ambiente que se percibía y todo lo que miraba y escuchaba; provocaron en él la sensación de que algo dentro su ser brincara. Percibía una emoción estética que le producía el deseo de estar allí, algo diferente experimentaba en su alma al ver estas escenas. Tan fuerte era esta impresión que no podía estar quieto en la silla, de un lado a otro se movía; su cuerpo, en otras sensaciones indescriptibles se envolvía... ¡Wao, waaaao, qué es esto! exclamó; entonces, de una forma visceral, añadió: ¡Yo quiero hacer eso! ¡¡Yo quiero estar allí!!... Lo que él nunca imaginó, era de qué lado del escenario, lo colocaría finalmente el Señor.

Equivocada vocación; pero no había explicación.

Inconforme se encontraba con su perfil profesional. Fue un estudiante ejemplar, de las más altas calificaciones, siempre destacado y sobresaliente; pero había estudiado una carrera que no le satisfacía; solo lo hizo por complacencia familiar. Con las mejores intenciones, ellos lo habían direccionado, pues era factor común lo de que muchos jóvenes en su país, al terminar la segundaria, se mostraran indecisos respecto de que carrera estudiar. Pero quizás no era precisamente esta la razón de su indecisión; simplemente, aún no se despertaba en él aquello que Dios, a su tiempo, haría germinar.

Luego de aquel episodio, en el que casi grito desde el fondo de su corazón, anhelando lo que sin conocer miraba por televisión, se despertó en él un desenfrenado interés por la obra del Señor. Su verdadero destino le reclamaba, pues José había nacido para propósito de fruto eterno; llamado y escogido para servir al Rey del universo.

Por su gracia somos apartados antes de nacer (Gálatas 1:15); consagrados mucho antes de ser formados en el vientre (Jeremías 1:5) (Isaías 49:1-5); escogidos según su propósito. Esto nada ni nadie lo puede parar; si le dejamos actuar y permanecemos en Él, Dios hará con sus escogidos lo que determinó hacer.

¡Estás loco, José!¡¡Cómo se te ocurre!! ¿Qué te está pasando?

Intensos reclamos de familiares y amigos, frecuentaban después de José tomar cierta decisión; más bien, el inicio de un montón de decisiones que, a los ojos de los demás, eran totalmente una locura. Pero, ¿de qué se trataba?

Algo extraño estaba sucediendo en su relación de pareja. Para ese tiempo tenía aproximadamente 3 años de noviazgo con una joven de buena crianza, disciplinada, confiable, fiel y educada; los adjetivos para describirla, en su mayoría, eran los de una impoluta, buena y deseable futura esposa. Sin embargo, las cosas cambiarían en esta relación de la cual todos esperaban prometedora unión matrimonial. Enigmáticamente, en el corazón de José algo estaba siendo arrancado, pues esta Joven ya no producía en él los sentimientos propios de tal relación. En corto tiempo, inexplicablemente, poco a poco se fue desvaneciendo lo que sentía por ella.

Pero, este sentimiento hacia ella desaparecía, al tiempo que una inexplicable directriz, José, departe de Dios recibía. Era confuso, pues no entendía cómo estaba ocurriendo tal cosa. Se trataba de una buena mujer que se desvivía por él, de la que no tenía queja alguna. Estas eran las palabras con las que José, en la ligera relación que tenía con Dios, le reprochaba: "¿Por qué me está pasando esto? Ella es una buena mujer". Desesperado y desconcertado, elevaba este interrogante al cielo una y otra vez. Lo que no sabía era que con esto Dios empezaría a preparar su corazón para lo que vendría.

Semanas más tarde, luego de asistir a un encuentro (Retiro espiritual, campamento...), la predicha directriz fue confirmada por Dios. José, decididamente, accede a realizar la dolorosa tarea de ser obediente a este mandato. Pero, ¿cuál era este mandato? Hablaremos de esto en el próximo capítulo, así que, acomodémonos con tranquilidad, pues esta historia continuara...

Desde ese instante sus decisiones respecto de lo que Dios le pedía, fueron radicales. Lo que vendría después sería cosa de locos de atar, pues hasta fue tildado como tal. ¡Estás loco, José! ¡Cómo se te ocurre! ¿Qué te está pasando?

2. La nueva vida; instrumento en sus manos

Suena bonito; ¡peeeeeero!

Sacrificando a Isaac... dura tarea

Dicen que la vida puede cambiar en un instante. Bueno, la vida de José comenzó a ser transformada de manera drástica. Los acontecimientos por venir, para nada fáciles, llegarían por ser necesarios para la construcción de la nueva vida que Dios, en él construiría.

Esto no es con una varita mágica "Tilín - Tilán", y ya eres otra persona. "¡No!" Ciertamente se nace de nuevo (2 corintios 5:17); pero para ser usado como siervo del Señor, tiene Dios que romper lo viejo y transformarlo en instrumento apto para su propósito. Diga en voz alta: "Proceso", "hay que pasar por un proceso". Así que la recomendación es: Esfuérzate y sé valiente (Josué 1:9)...; tal cual.

Una nueva vida en Cristo, implica sacrificios. Alguno de estos no logramos entenderlos al inicio; pero en el futuro veremos buenos y grandes frutos, como resultado de nuestra obediencia a Dios.

En las escrituras encontramos un personaje llamado Abraham, al cual Dios le pidió que hiciera algo terrible: sacrificar a su hijo Isaac (Génesis 22:1-3), fruto del cumplimiento de una promesa dada por el mismo Creador (Génesis 18:10).

Imaginemos ¿cómo podía Dios pedir a Abraham que incurriera en semejante "locura"? Después de realizar el milagro de permitir a su mujer gestar un hijo, lo cual antes no podía porque era estéril, ¿por qué pedirlo luego en sacrificio? Cuando hablamos de sacrificar, en este contexto, nos referimos a matar, acuchillar, desangrar...; era la forma de ofrecer holocaustos a Dios en aquella época. Pero no sacrificando seres humanos; sino con cierto tipo de animales (Génesis 4:4, 8:20-21...) ¿Sí alcanzamos a medir la magnitud de la demanda que Dios hizo a su siervo Abraham?

Si leemos la historia completa, nos encontramos con un admirable caso de obediencia. Más bien, "alocada"; obediencia de un hombre que creyó hasta tal punto que accedió a realizar lo que a nuestro parecer sería algo irracional, inhumano y brutal... Al seguir la historia, sabremos la gran recompensa de esta loca hazaña realizada por Abraham (Génesis 22:18). Pero "¡Calma! ¡Calma! ¡¡Caaaalma!!"; no creerán que en realidad Abraham sacrificó a su hijo; ¡No! Dios no lo permitió. Leamos completo el capítulo 22 del libro "Génesis", y lo comprenderemos.

Ahora volvamos a la historia de nuestro José. En su caso, el primer sacrificio que Dios le pidió fue el relacionado con su compañera sentimental. Entonces, José tomó un cuchillo y, en la oscuridad de la noche...,"♪♪♪ta-ta-ta-taaaaaan♪♪, ♪♪♪ta-ta-ta-taaaaaan♪♪♪... ¡jajajajaja! ¡No! ¡Mentira!... ¡tampoco, que tal!" En este contexto hablamos de otra clase de sacrificio, el cual Dios pide para algún propósito específico; pero aplica el mismo principio de obediencia. En este caso, José tuvo que sacrificar la relación sentimental que en el momento tenía (ese fue el mandato en el capítulo anteriormente citado, que debía ser, por José, ejecutado); bueno, digamos que literalmente mató, aniquiló, exterminó el vínculo afectivo que tenía con su pareja ¡Que dura situación no! Recordemos que no era cualquier muchacha y mucho menos era una relación pasajera, sino que siendo mujer impoluta, posiblemente pudo ser su esposa.

Imagínese la escena: tener en frente a su pareja, una mujer de la cual no se tenía motivo alguno para decirle: "hasta aquí llegó lo nuestro". Hay más: ¿Cómo ¡caramba! le dice que "Dios le pidió que lo hiciera"?... ¡¡¡Cómo!!! ¿Tú estás loco, José? ¡Razones había entonces, en la reacciones de los familiares!; tanto los de José, como los de aquella joven que se desvivía por él. En nuestro concepto era algo injusto, inhumano, cruel, déspota... colóquele el adjetivo que usted considere.

¿Cómo lo tomo la familia?... ¡AY, AY, AY!

La familia de José comenzó a preocuparse; claro, era de esperarse, pues lo lógico era que reaccionaran de esta forma. Al inicio, no manifestaban mayor oposición por su conversión (al cristianismo); pero luego, viendo la forma radical de su comportamiento, pensaban que era exageración.

"Cálmate, no lo tomes tan en serio"; "tú eres muy buena persona no necesitas entregarte del todo"; "los que leen tanto la Biblia, se vuelven locos"... Con estas y muchas otras frases trataban de persuadir a José; no solo sus familiares, sino vecinos y amigos también. Pero parecía ser que nada lo sacaría de la posición que tomaría; estaba decidido y convencido de su nueva vida; estaba dispuesto a asumir los retos que ésta traería; por nada retrocedería. Estaba completamente seducido por su nuevo amor; por Jesús, el Hijo de Dios.

¡Oh mujer! ¿Por qué has cambiado tanto con José?

En la familia de José una mujer cumplió papel muy importante; aunque consanguíneamente no tenía parentesco con él, fue amada como si lo tuviera. Ella era la mejor amiga de la abuela. Esta mujer, fue parte vital en la crianza de José y de varios familiares.

Hablando un poco de esta mujer, digamos que fue alguien que vivió cierto tipo de experiencias, que la separaron de su familia "original". Además, por motivos no mostrados en este libro, no pudo vivir junto al padre de su hija, la cual padecía una condición cognitiva especial. Por tal motivo la abuela de José, siendo amiga de esta mujer, le tendió la mano, dándoles hospitalidad a ella y a su hija. Después de tantos años viviendo entre los familiares de José, ganaron un lugar muy importante en sus corazones.

Entre los miembros de la familia, criados por esta mujer, José fue básicamente el más beneficiado; tanta fue la dedicación de ella hacia él, que se ganó el título de "mami", por parte de éste. José la amaba y ella lo amaba tanto a él, que se desvivía por atenderlo; desde niño todo se lo hacía. En su pre adolescencia, ella era la que estaba allí, pendiente de cada cosa que tenía que ver con él; pero cuando José se convierte al Señor, algo empezó a cambiar. Al inicio, como todo miembro de la familia, respecto de la conversión de José ella mostraba un poco de simpatía; pero al pasar el tiempo, la relación ente ella y él, matices de ruptura sufriría. Pues al ser esta mujer devota de otra doctrina (religiosamente hablando), chocaba con la entrega radical que en José veía; además, le parecía un insulto que, siendo él antes feligrés de dicha doctrina defendida por ella, traicionara su "religión" de tal forma, convirtiéndose a otra.

Con el pasar del tiempo, la relación ya no era la misma; frecuentemente había momentos de fuertes discusiones. José, queriendo obrar de forma diferente, según los principios de la palabra de Dios, era estorbado por ella con cualquier pretexto. Hacía todo lo posible a fin de persuadirlo para que actuara en contravía de su firme determinación de agradar a Dios en todos los aspectos de su vida. Ella se apoyaba en populares excusas, tales como: todo el mundo lo hace; esto es algo normal; es un mal necesario; no le haces daño a ninguno; eres una buena persona; no necesitas meterte a esa "religión" y dedicarle tanto tiempo.

Los recién convertidos que estén leyendo esto, entenderán a que nos referimos. Mentiras piadosas, el hecho de contestar el teléfono y mentir negando la presencia de alguien, ver programas de televisión que para nada edifican, escuchar música toxica y perjudicial para el crecimiento de la nueva persona que Dios está haciendo de nosotros, tomarse unas cuantas cervezas, tener relaciones sexuales prematrimoniales porque son necesarias para ser un mero macho… entre otras cosas; eran el día a día de las discusiones entre José y la referida señora.

Miremos, que solo estamos mencionando a un miembro de la familia; imaginemos ahora la lucha que José tenía con el resto de ellos; pues estamos hablando de personas cuyas vidas no estaban alineadas a La Palabra de Dios. Es frecuente escuchar en la sociedad, frases tales como: Yo no le hago daño a nadie, no robo, no mato, hago buenas obras, ayudo al que puedo… bla, bla, bla… no necesito estar metido en una iglesia, yo creo en Dios a mi manera… entre otras. Bueno, los familiares de José, así decían.

Pero con dichos familiares, también Dios tenía propósito; Él había prometido a José que se encargaría de ellos. Como respuesta a sus múltiples oraciones, en las que expresaba preocupaciones por la salvación de su familia, Dios responde: "No te preocupes, José", sírveme; encárgate de lo mío, que yo me encargo de los tuyos. Esto incluía no solo a su familia, sino también a todos los amigos que dejó de frecuentar y sus vecinos por los cuales también oraba sin cesar.

Hacemos una digresión para homenajear a las dos mujeres citadas en párrafos atrás (la mejor amiga de la abuela, y su hija con condición especial). Ellas fueron muy valiosas en la crianza de José. Aparte de los choques que se presentaron después de su conversión; previamente a esto, en su niñez y en gran parte de su adolescencia, él fue celosamente criado, guardado y protegido por ambas. La mejor amiga de la abuela ya partió por causa de una terrible enfermedad; en sus últimos días de agonía, ella logró aceptar a Jesús como su único Señor y Salvador, para recibir con ello (de ser sincero el arrepentimiento) la vida eterna y el gozo en la presencia de Dios (Romanos 10:9-10). La hija de esta mujer, aun vive entre nosotros y sigue siendo una gran bendición.

Amados lectores, haciendo nuestra labor, finalizando este punto, queremos hablar a vuestros corazones: La Palabra de Dios cita lo vital y necesario que es, el hecho de aceptar a Jesucristo como nuestro único Señor y Salvador (Romanos 10:9-10). Dios envío a su único Hijo para que muriera en la cruz por amor a nosotros (Juan 3:16), pues la condición de ser todos pecadores nos destituye de la gloria de Dios (Romanos 3:23). Pero, ¡tenemos una buena noticia!: "¡Dios tiene un gran regalo!", el cual es la vida eterna en Cristo Jesús (Romanos 6:23). Por eso es indudablemente necesario venir a los pies de Jesús; solo Él es el camino (Juan 14:6), el Único Nombre (Hechos 4:12) y la condición irremplazable para recibir el derecho de ser verdaderamente hijo de Dios (Juan 1.12).

No es asunto de religión, de una manera "x" de vestir, de mantener una Biblia debajo del brazo 24 horas, y mucho menos de rituales inútiles que pretenden hacernos ganar el cielo. Se trata de Aquél que murió en la cruz y, por nuestros pecados un gran y sufrido precio pagó (Isaías 53:5); se trata del que venció la muerte y resucitó (Romanos 6:9); de Aquél que hoy te dice: Ven a mí, arrepiéntete de corazón (Mateo 4:17); para que recibas de tus pecados el perdón (Hechos 3:19) y juntos hagamos la voluntad del Creador (1 Juan 2:17). Bien, retomemos la historia de muestro José

¿Y qué de los amigos?… Duro, seco y doloroso.

"Nos estas abandonando", "porque ya no te vemos", "ya no sales con nosotros", "te están lavando el cerebro"… Estos eran, algunos de los reclamos de sus amigos; distanciarse de ellos, era una decisión que también tomaría con determinación. No porque fueran un asco; tampoco porque fueran la escoria de la sociedad; eran jóvenes comunes y corrientes, compañeros de fiestas, amigos de pre adolescencia, sanos según los estándares de la sociedad. José los amaba demasiado; era doloroso para él cada una de las decisiones que estaba tomando. La ruptura en su relación de pareja, la firmeza frente al desacuerdo de sus familiares, el distanciarse de sus amigos, etc; no era para nada sencillo. Pero para el proceso de transformación que Dios llevaba a cabo en él, era necesario; y cada paso que daba era guiado por el Espíritu Santo.

Dios sabe lo que hace, pues una de las debilidades más complejas de José, era su naturaleza complaciente para con los demás. Si las decisiones citadas anteriormente no se tomaban (temporalmente) de manera radical, difícilmente avanzaría en el proceso de Dios para su vida. Además, lo que percibía en su interior era tan fuerte, que aunque sus decisiones dolían, al taller del Maestro iría sin importar lo que decían; nada lo separaría de su amor a Dios, que en él aumentaba día tras día.

Amigo lector: ¿qué cosas le pide Dios que haga o le pedirá hacer? No lo sabemos. Cada proceso es diferente; cada persona es única; pero los principios de Dios operan por igual. No pretendemos con esto decir que usted está obligado a tomar las mismas decisiones que tomó José; pero cabe citar lo que dice la escritura al respecto en *Mateo 10:37-39: "El que ama a padre o madre más que a mí, no es digno de mí; el que ama a hijo o hija más que a mí, no es digno de mí; 38. Y el que no toma su cruz y sigue en pos de mí, no es digno de mí. 39. El que halla su vida la perderá; y el que pierde su vida por causa de mí, la hallará"*

¡Suena duro, verdad! Pero por causa de nuestra naturaleza caída, lamentablemente así tiene Dios que obrar. No necesariamente esto implica que todo aquel que entrega su vida al señor, deba alejarse o distanciarse de sus seres amados. Es solo que a ciertas personas se les demandará más que a otras, pues en algunos procesos "particulares" será vitalmente necesario. En el caso de José, fue así; en usted, amigo lector, llegado el momento en el que tenga que pasar por su proceso con Dios, Él le indicará cuales son las decisiones que deberá tomar. Pero tenga por seguro, que siempre habrá algo de que distanciarse: personas, cosas, actividades que deben dejarse atrás... Sacrificios necesarios que darán frutos en la eternidad.

Recomendamos leer un poco sobre la vida de Abraham (*Génesis 12:1-5*), los discípulos (*Mateo 10: 34-39, Mateo 19:27*), e inclusive sobre El propio Jesús (*Juan 7: 1-9, Mateo 12: 46-50)*... Para unos, fue vital la difícil decisión de alejarse de sus seres amados (temporal o permanentemente); para otros, someterse a la voluntad de Dios complicó significativamente sus relaciones familiares.

3. Túnica de colores; manto especial

¡Linda!, ¡hermosa!; pero colócatela y verás.

En la congregación… Dulce y amargo

El ingreso a la congregación (Iglesia, comunidad, templo…), al inicio fue gratificante. José volaba en una nubecita; tanto, que no quería salir de allí. Asistía a cada servicio; estaba dispuesto y atento a todo lo que le decían y mandaban… "Solo te falta, llevarte la cama a la iglesia"; decían sus familiares… ¡aaaaa se ríen! ¡Parece que no es el único al que se lo han dicho!

Sin embargo, pasado algún tiempo, en medio de abrazos, risas, halagos por su servicio y ferviente entrega, algo se anidaba en el corazón de alguno de sus hermanos. Tristemente, eran sentimientos dañinos que más tarde traerían consecuencias desagradables, pues en José comenzó a notarse un "manto especial", que no tenía culpa de portar.

Cabe aclarar que por la gracia del Señor cada hijo de Dios es especial. Inmerecido regalo que nos hace brillar solo porque el reflejo de su gloria lanza sus rayos de luz, sobre todo en aquel que decide dejarse capturar. Al mencionar la frase "manto especial", nos referimos a: que entre los escogidos de Dios hay hijos (siervos, ministros), que tienden a resaltar de una u otra forma; ya sea por un llamamiento en particular, o porque su nivel de entrega, servicio e intimidad provocan que se destaquen en medio de los demás. Esto es algo que solo El Padre en su sabia potestad, soberanamente determina a quien lo da. Sin embargo, no creamos que esto es así no más. Aunque es tremendo privilegio, trae consigo una mayor responsabilidad, porque al que más se le entrega, más se le demandará (*Lucas 12:48*).

A veces sucede que este bendito "manto especial", provoca lamentable y vergonzosamente: celos, envidias, rabia, pleitos... sin mencionar algunos adjetivos más fuertes.

En las Sagradas Escrituras, hay un personaje, precisamente llamado José (Génesis Capítulos 37-50); cuya historia, en este punto, es un ejemplo propicio a resaltar. Algo especial había en este hijo de Jacob; tanto, que produjo en medio de sus hermanos los sentimientos descritos en el párrafo anterior. Tan fuerte era lo que sentían contra él que inclusive intentaron matarlo; pero al final prefirieron venderlo como esclavo, luego de haberlo arrojado a un profundo pozo de agua.

Otro aspecto que pudo añadir gravedad a lo que sentían sus hermanos, fue la marcada preferencia que mostraba su padre Jacob hacia él; tanto, que hizo una túnica de colores, especialmente para José. Túnica similar a la usada por las personas de la realeza. Bueno, en realidad era la forma como Dios lo veía; pues si leemos la historia completa, nos daremos cuenta de que en príncipe se convertiría.

José, hijo de Jacob, poseía dones entregados por Dios; entre ellos, la habilidad de interpretar sueños. Mientras estaba con sus hermanos, quizás no era prudente la manera como José manejaba este asunto de los sueños. Desde muy temprano Dios le mostraba, a través de estos, que algo grande haría con él, hasta el punto de colocarlo por encima de sus hermanos, siendo él el más joven de todos. Esto alimentaba aún más los sentimientos contrarios que destilaban sus hermanos.

Pero tan maravilloso es Dios, que ya tenía un plan de antemano para usar todo esto a favor de su propósito; teniendo a

José, hijo de Jacob, en la mira como un instrumento en sus manos, para el cumplimiento del mismo. Esto no solo beneficiaría a José, el hijo de Jacob; sino también a toda su familia y a todo el pueblo de Israel.

Volvamos a nuestro José, protagonista segundario de este libro; pues el protagonista principal es el que vive dentro de cada hijo de Dios: Jesucristo. Gloria al Padre, al Hijo y al Espíritu Santo.

Algo parecido sucedió con nuestro José. Éste resaltaba entre sus hermanos; tanto, que había cierta inclinación preferencial hacía él de parte de algunas autoridades de la congregación. Él era un gran apoyo para la pastoral juvenil, en ciertas funciones que confiaban delegarle, incluso por encima de personas que llevaban más tiempo en la congregación. Aunque de algún modo también se lo estaba ganando, mostraba gran interés por los asuntos de la obra de Dios; su pasión era evidente.

Prontamente se convirtió en pieza clave para diversas actividades; tanto, que mostraba capacidad para realizar funciones propias de líderes que estaban por encima de él, en jerarquía organizacional.

Los predicadores invitados de otras congregaciones, ciudades y países, lanzaban promesas y palabras de gran calibre, acerca de los planes de Dios con José. Definitivamente un manto especial había sobre él. ¿Qué intención tenía Dios con esto? pues ya lo veremos.

¿Cómo era José?… ¡Tampoco colaboraba el Jovencito, no!

Toda persona que viene a los pies de Cristo, entra en un proceso de regeneración; dejando las cosas del viejo hombre y transformándose en una nueva persona. Si es alguien escogido para servir a Dios en el área ministerial, con mucha más razón.

José era todo un personaje. Por un lado, aplaudible su entrega radical, pasión, servicio y disponibilidad; el amor que sentía por Dios y su obra, eran de admirar. Sin embargo, por otra parte, le costaba manejar ciertos aspectos: Hablaba más de la cuenta; no sabía manejar la fama o renombre que estaba adquiriendo; contaba todo sus sueños... entre otras cosas. En su inocente desconocimiento de lo que son "algunos círculos eclesiásticos" (de lo cual hablaremos más tarde), no se daba cuenta del daño que generaba en aquellas personas que, estando también en formación, aún no aprendían a guardar su corazón. También hay que admitir que José en ocasiones era un poco irritante; todo lo quería corregir. Su deseo y pasión por ver realizadas las cosas de Dios, le hacían sentir impotencia por aquellos que no se mostraban muy interesados en la obra; esto lo manifestaba, reclamando visceralmente y presionando a los demás para que avanzaran. A mejor decir, había trato de Dios en ambos sentidos (Proverbios 27:17).

Hay una frase común y cotidiana, que dice: "la iglesia (congregación) es un hospital de pecadores"; decimos mejor que es una sala para cirugía de corazones. Es uno de los lugares claves, si no el más idóneo, para la transformación de cada obrero del Señor. Llegamos a los pies de Cristo con hábitos, pensamientos y costumbres que requieren renovación; para ésta es necesario entrar a un proceso en el cual Dios modificará muchos aspectos de nuestra vida, con la finalidad de podernos usar conforme a su propósito y voluntad. Si permitimos dicho proceso; esto nos convertirá en instrumentos útiles, para servirle a nuestro Señor y dueño.

Muchos libros cristianos son escritos con la intención de instruir a los conversos para que se enfrenten al mundo, a fin de luchar contra el reino de las tinieblas y disfrutar de las promesas de Dios, entre otras cosas; pero pocos hablan de la lucha que se vive dentro de la misma congregación (y también fuera de ella).

De aquellos choques que podrían presentarse entre unos y otros mientras sucede dicho proceso de transformación. En este complejo procedimiento es completamente vital y necesario, guardar nuestro corazón; evitando retroceder o desertar de las filas de este glorioso ejército de siervos. Ese ejército, en el que somos entrenados por nuestro General (El Señor), para ser soldados esforzados y valientes, que no se rinden fácilmente.

Amado lector, en sus manos tiene una valiosa herramienta, que toma la vivencia personal de un escogido de Dios, para que el testimonio narrado sirva como advertencia y motivación a todo aquel que esté siendo procesado para servirle al Señor. Tocamos con la menor censura posible, algunos acontecimientos dolorosos y confusos, que pueden suceder dentro y fuera de la congregación. Sepan que no hay iglesia (congregación) perfecta, pues en ellas hay muchas personas "imperfectas", que solo podrán alcanzar la perfección en la eternidad si se arrepienten de sus pecados y cumplen la voluntad de Dios.

Quizás nuestra narración sea motivo de desacuerdos para algunos críticos de la literatura cristiana; pero es necesario que la "Generación de la última hora", comprenda a lo que podría enfrentarse en estos difíciles "tiempos finales".

"Delante de Dios, cada quien es responsable de guardar su propio corazón"; esta es la recomendación central de este libro. El propósito es decirle a usted que pase lo que pase, dentro o fuera de la congregación; jamás desatienda y nunca renuncie, al llamamiento del Señor.

Al que más se le da, más se le exige… ¡Esto es serio!

Decían que José era persona complicada, pero en realidad lo complejo era su proceso; él solo era uno más de los hijos de Dios en transformación. Sus debilidades y errores resaltaban mucho más, debido a la popularidad que rápidamente adquiría. Esto, sin mencionar cuan conocido era en su barrio; donde también había miradas puestas sobre él, debido a su radical conversión. Es similar al caso de las figuras públicas que, aunque cometen los mismos errores que cualquier otra persona, por ser ampliamente populares sus comunes errores se convierten en escándalos a voz populi.

Cabe repetir, que al que más se le da, más se le exige. Los dones, talentos, asignaciones, funciones y aun las riquezas materiales entregadas por Dios, más que un privilegio, son gran responsabilidad. Por eso debemos aceptar que el proceso de Dios será más complejo en unos que en otros (Lucas 12:48).

Lamentablemente, en ocasiones detenemos la obra de Dios en muchos obreros por no comprender este principio. En vez de ayudarnos los unos a los otros, apoyándonos mutuamente; lo que hacemos es dejar cargar nuestros corazones con sentimientos que son una bomba de tiempo (Gálatas 5:24-26). Estas pasiones al estallar, hacen daño y truncan todo aquello que Dios estaba desarrollando. Imagina cuanta tristeza debe sentir el Padre Celestial que se esmera y se deleita en trazar un propósito para sus hijos; pero éstos, al no ponerse de acuerdo, terminan haciéndose daño entre ellos mismos, truncando la buena obra que Dios ha comenzado.

Las exigencias de algunas personas a veces son muy altas, y el espacio eclesiástico puede ser mucho más demandante. Algunos creen que entre las organizaciones más complicadas existentes, se encuentran las congregaciones evangélicas. Por lo menos, este fue el pensamiento de José al transcurrir algunos años. El lugar en el que se supone hallaría paz, se convirtió en el sitio en el que cada vez que atravesaba la puerta principal, tenía que pedirle fuerzas a Dios para soportar.

El mundo toma a las personas más talentosas para invertir en ellas, desarrollar sus dones y sacar el mejor provecho; en su gran mayoría, para fines contrarios a la palabra de Dios. En el pueblo de Dios lo ideal sería: tomar a nuestros mejores soldados, invertir en ellos para desarrollar sus dones y talentos; aprovecharlos al máximo a favor del Reino. Lamentablemente en algunas congregaciones, intereses particulares y sentimientos nombrados anteriormente, impiden que esto suceda.

4. Estrategia de guerra; ataque al corazón

Lo demás vendrá por añadidura

¡Déjalo tranquilo!... Una joven golpea su corazón.

Aproximadamente 4 años después de su conversión, algunas circunstancias provocaron que José mostrara interés por una joven de la congregación. Miradas por aquí, miradas por allá; un falso espejismo por el cual le pareció que ésta podía ser la mujer que Dios eligió para él. Aparentemente, ella era una persona madura, centrada, dispuesta...; pero al conocerla más cercanamente, se llevó una desilusionante sorpresa. De hecho, lo que sucedió con esta joven, provoco el inicio del retroceso ministerial de José. Aunque para ser sinceros, él también puso su grano de arena; ¡decimos mal! su bloque de concreto, en tan doloroso episodio.

El ambiente se torna tenso en la congregación. Molestias por aquí, desacuerdos por allá; desobediencias por un lado, altivez por el otro; cierto sector del liderazgo comenzó a mostrar inconformidades. Lo más triste del caso fue que esto empezó a gestarse cuando mejor estaban marchando las cosas.

Recientemente se había celebrado el mejor congreso realizado por la congregación, hasta ese momento; todos estaban contentos por los logros alcanzados. Pero luego el enemigo comenzó a hacer de la suyas, aprovechando lo que ya estaba sembrado en el corazón de algunos cuantos. Eso sin mencionar el hecho de que algunos estaban presumiendo del crecimiento y de los logros que la iglesia estaba obteniendo; estos son unos de los momentos en los cuales mayormente debemos guardar nuestros corazones, de altiveces.

Ustedes se preguntarán ¿Qué tiene que ver esto con el golpe al corazón de José? Precisamente, entre toda la revoltura de cosas que se gestaban, José, por ser "pieza clave en el plan de Dios para la congregación" (palabra anunciada por uno de los profetas invitados), fue uno de los blancos principales del enemigo en este congestionado momento.

Antes de realizarse el precitado congreso, la iglesia se encontraba en proceso de traslado hacia un lugar más amplio. Esta era una gran victoria; la congregación se encontraba en tan gran momento de esplendor, que, causando mucha admiración y expectativa, atrajo la mirada de gran parte de la ciudad. Pero, dentro de la misma congregación, lo que vendría no era para nada alentador.

Aires de Separación… qué tristeza

Los pastores de jóvenes, piezas fundamentales en esta congregación, comenzaron a chocar con los pastores principales. Algunos miembros del liderazgo de núcleo, también daban muestras de insatisfacción. Entre todo este embrollo, la sensibilidad (percepción) a la voz del Espíritu Santo, se fue perdiendo en algunos; otros ya la habían descuidado desde mucho antes; increíblemente, cierto sector del liderazgo ni siquiera la conocía.

Algunos, equivocadamente, se inclinaron por la búsqueda de lo que, según ellos, era la voluntad de Dios; pero en realidad eran engaños de sus corazones ya contaminados (Jeremías 17:9), en los cuales gruesas raíces ya habían brotado. No pretendemos con esto señalar culpables; simplemente es para que logremos ser conscientes, de que un reino dividido en sí mismo no puede prosperar jamás. Tampoco puede haber dos reinas en un mismo castillo; y mucho menos, dos reyes.

En medio de todo esto, José era entrenado por Dios. Sus sentidos espirituales se agudizaban; su nivel espiritual crecía y prosperaba. Era usado por Dios a fin de advertir, exhortar y anunciar para resolver, con palabras proclamadas desde el altar y fuera del él (dones espirituales de revelación). Solo era instrumento del Espíritu Santo para proclamar y advertir algunas directrices que Dios quería implementar, entre otras cosas por corregir. Pero esto provocó visceral molestia en algunos líderes principales, pues no les agradaba que Dios usara un líder juvenil, según ellos de "rango inferior", sin autoridad para tal fin. "Cómo podía ser posible que Dios usara un Joven que llego de último, que tiene menos formación que nosotros, de liderazgo menor y bla, bla, bla"… Estas y otras necias oraciones, salían de sus contaminados corazones. Olvidaban aquella palabra entregada y reconfirmada por Dios, anunciada por diversos predicadores, que en parte decía: "…que el avivamiento por los jóvenes entraría…"

En realidad, varios de los jóvenes estaban siendo usados tremendamente por Dios. En ellos algo especial se estaba desatando; evidentemente, el Espíritu Santo se estaba derramando y la gloria de Dios manifestando. Algunos miembros de la congregación, se asombraban; otros, se maravillaban; pero en cierto sector, lamentablemente, los corazones no lo soportaban. Aun entre los mismos jóvenes, raíces de celo se desarrollaban.

Grave error es menospreciar aquello que Dios promete usar, por más ilógico e irracional que parezca. El Señor hace como quiera y con quien quiera; sin importar edad, sexo, raza, nivel social, nivel de formación o tiempo en el evangelio… Aun al que no se ha convertido, Dios lo puede usar en determinado momento, si considera necesario hacerlo.

La Biblia está llena de casos en los que Dios escoge de lo vil y menospreciado, de lo no habitual, de lo irracional, de lo más bajo, de lo que humanamente no califica... llegó hasta el punto de usar, un asna (Burro, potro, mula) para hablarle a un hombre que poseía cierto nivel de sensibilidad espiritual (Números 22:21-33). ¿Por qué, entonces, no podía usar a José o a cualquiera de los jóvenes, si solo eran un instrumento más en las manos de Dios? Esto no es del que corre ni del que quiere, sino de quien Dios tiene misericordia (Romanos 9:16)

Otro caso interesante en las escrituras, se encuentra en 1 Reyes 22:1-40. En resumen: los "distinguidos" profetas de cierto rey, predecían victoria para una batalla a la cual pretendían ir. Estos, al escuchar de otro profeta "menos distinguido", palabras contrarias a la que ellos anunciaban, se encendieron en ira contra él, hasta el punto de golpearlo y de provocar que lo apresaran. Finalmente, este profeta de "menor distinción", resultó teniendo la razón; por ende, se demostró que era él quien hablaba realmente de parte de Dios. Es una historia muy interesante, no dejemos de leerla; proporciona formidable enseñanza.

Algo parecido sucedía con José. A pesar de que las palabras dichas por él, eran confirmadas por predicadores y profetas invitados, con todo eso no aceptaban lo que Dios estaba mostrando. Peor aún, las confirmaciones de los profetas invitados causaban mayor molestia; "¡Caramba, Dios! ¿Por qué insistes en usar a José? ¿Acaso no respetas nuestro rango y distinción?" Figuradamente, José recibió una cachetada y fue encarcelado, como aquel profeta menos distinguido, de la anterior historia; pero con el pasar del tiempo, los resultados demostrarían, que José realmente estaba siendo usado por el Señor, para advertir y prevenir a la congregación. ¡Pero no escucharon; no escucharon!

Lo más grave era que, por no dar el brazo a torcer, profetizaban paz donde no la había, con la voluntad de Dios en contravía. Anunciaban que todo marchaba bien, cuando realmente no era así; dando palabra de hombre, recibiendo aplausos y la aprobación del pueblo, sin darse cuenta de que Dios estaba reprobando todo esto. La congregación iba en picada, pero todos celebraban como si nada, en vez de buscar arrepentimiento y seguir las correcciones que Dios indicaba.

Pero ¿por qué sus corazones no percibían lo que realmente estaba sucediendo? O ¿Por qué no discernían lo realmente anunciado?

El obstáculo de un mal corazón [Parcialmente extraído del libro "El Vidente" de Jim W. Goll (Leer 1 Samuel 9:9 RVR)]

Las siguientes líneas, tomadas del libro arriba citado, son propicias para este momento: No importa cuán proféticamente dotados podamos estar, nuestra habilidad de fluir en el pleno poder y la revelación de lo profético depende de la pureza de nuestros corazones y de la intimidad de nuestro andar con el Señor. Los dones y llamamiento de Dios son irrevocables. Esto significa que podremos operar a un cierto grado de revelación profética aun si no estamos caminando cerca del Señor, pero nunca alcanzaremos nuestro potencial completo mientras que permanezcamos en esa condición.

El capítulo 23 del libro de Jeremías, el cual menciona una seria acusación a los pastores (líderes espirituales) y profetas; es tomado como referencia, en una de las enseñanzas del libro "El vidente" (daremos una leve aclaración del término "vidente", al final de este punto). Con ello el autor, Jim W. Goll, nos provee una lista de cosas que necesitamos cuidar para evitar incurrir en errores letales en el ámbito profético.

1. Usar el poder injustamente (Jeremías 23:9-10)

   Esto le da justo al tema de la manipulación: ¿Por qué queremos esa revelación y qué haremos con ella una vez que la tengamos? Dios conoce la condición de nuestro corazón. Un motivo incorrecto estorba la revelación.

2. Mezclar la fuente del mensaje (Jeremías 23:13)

   Esto habla de mezclar las cosas de la carne y del mundo con las del Espíritu. El resultado es un mensaje contaminado. Necesitamos tener vidas limpias para ser completamente "usables" para el Señor.

3. Involucrarse en inmoralidad(Jeremías 23:14)

   Un estilo de vida inmoral obstruye el canal por donde debe fluir la bendición y la revelación de Dios.

   Haciendo una digresión aquí, citamos: que esta era una de las razones por las cuales el enemigo procuró contaminar a nuestro José; al percatarse de cómo estaba siendo usado proféticamente, buscó la forma de atacar su corazón, involucrándolo en inmoralidad.

4. Hablar de su propia imaginación (Jeremías 23: 16)

   Debemos guardarnos constantemente de dar nuestra propia opinión, tratando de colgarnos de la autoridad del Señor.

5. Hablar de paz cuando no hay paz (Jeremías 23:17)

   Esto significa que sus palabras no tienen sustento; dice lo que la gente quiere oír.

6. Dar mensajes falsos (Jeremías 23:21-25)

   Tenemos la obligación y la increíble responsabilidad de dar mensajes verdaderos del Señor. Simplemente, no podemos presentar las cosas proféticas con aires de superioridad.

7. Robar las palabras de otros (Jeremías 23:30)

Si nuestro pozo está seco, será muy fácil sucumbir a la tentación de tomar algo que hemos aprendido en un seminario, u oído decir a alguien en una reunión y presentarlo como si fuera nuestro, no diciendo que es nuestro pero tampoco dándole el crédito a quien es debido. Decir: "No se" o "no tengo una palabra hoy" siempre está mejor que robarle las palabras a otro; solo para quedar bien.

8. Envolverse en lisonjas (Jeremías 23:32)

No tratemos de ser mejores de lo que somos o de embellecer nuestros logros frente a otros.

Antes de continuar, queremos aclarar una cosa: el hecho de que mencionemos "todos" los aspectos enumerados anteriormente, no necesariamente quiere decir, que "todos" estuvieran presente donde José se congregaba; solo se manifestaron algunos de ellos. Quisimos enumerarlos por completo, para que sirvan como herramientas de aprendizaje; también para que tengamos en cuenta los errores que podemos cometer si no tomamos en serio la tarea de guardar nuestro corazón.

Siguiendo con el libro "el vidente", manifestamos que el autor provee un par de versículos para que los tengamos en mente, a la hora de hablar de los obstáculos de un mal corazón:

1. *Porque Jehová abomina al perverso; mas su comunión íntima es con los justos* (Proverbios 3:32).

2. *¡Oh almas adúlteras! ¿No sabéis que la amistad del mundo es enemistad contra Dios? Cualquiera, pues, que quiera ser amigo del mundo, se constituye enemigo de Dios. ¿O pensáis que la Escritura dice en vano: El Espíritu que él ha hecho morar en nosotros nos anhela celosamente?* (Santiago 4: 4-5).

Respecto de esto, Jim W. Goll, cita textualmente en su libro: Otro término para la palabra "perverso", usada en Proverbios 3:32, seria "torcido". Ser torcido es ser doblado de algún grado. Si hay torceduras en nuestro corazón, no podemos ser íntimos con el Señor como Él desearía que seamos. Sobre el mismo tema, Santiago 4:4-5 nos dice que no podemos ser amigos del mundo y mantener nuestra amistad con Dios. El mundo (la humanidad aún no salva) es enemigo de Dios, y todos los que se alinean con el mundo se hacen enemigos de Dios también. Jesús dijo que no podíamos servir a dos amos. O el Señor es nuestro amo o el mundo lo es. No hay otra opción.

Aclararemos algo más, para no confundir a los lectores: Cuando se menciona la expresión "el vidente", haciendo alusión al nombre del libro referenciado, debemos tener cuidado de no relacionarlo con actividades de hechicería y ocultismo. Antiguamente, en Israel cualquiera que iba a consultar a Dios, decía así: *Venid y vamos al "vidente"; porque al que hoy se le llama "profeta", antes se le llamaba "vidente"* (1 Samuel 9:9). La hechicería y el ocultismo, prácticas aborrecidas por Dios, han hecho mal uso de este término, llamando equivocadamente de tal forma al ejecutor de las mismas. Sobre este tema hay mucha tela que cortar, pero no es la intención de este libro profundizar en él.

¡Aja! ¿Y Que paso con ed tema deg corazón goppíao? (¡hay noooo, que champeta!)… El inicio del descenso…

¡Calma, calma, que no panda el cúnico! allá vamos. Sabíamos que un tema como estos no se les pasaría ¡caray!

Retomemos el hilo de la historia, del testimonio de José. Lamentablemente, él bajó la guardia de su corazón; nada más y nada menos con aquella joven, la cual era muy consentida y protegida por la pastora de Jóvenes. Bueno, esto era lo que José pensaba, posteriormente a lo sucedido; luego se dio cuenta de que a quien mayormente estaban protegiendo era a él. El mismísimo Dios lo estaba protegiendo. "Déjalo tranquilo", era la orden con la que múltiples veces El Padre Celestial exhortaba a esta Joven, queriendo evitar que aconteciera lo que lamentablemente, sucedió. Para ella todo era solo un jueguito de adolescencia; para José un asunto serio y muy especial.

Meses antes del episodio que vamos a comentar, José había conversado con Dios respecto de la ayuda idónea que anhelaba para su vida. En este dialogo, finalizó afirmándole al Señor lo siguiente: que si entre sus hermanas del grupo juvenil Dios escogía para él a la que sería su futura esposa, él la aceptaría.

Meses después, un predicador de otra ciudad, el cual daba muestras de ser usado tremendamente por Dios, llegó como conferencista invitado a la congregación. Después del mensaje, este predicador, en una jocosa conversación que mantuvo con José, parafraseando, le preguntó a éste: "¿cuál es la candidata que tienes en mente?". Al tiempo que realizaba dicha pregunta, el preguntante miró hacia los lados y, con cierta picara expresión en su rostro, señaló con la mirada a la joven en cuestión. Se trataba, supuestamente, de una broma, pero la chanza siguió en boca de algunos miembros de la iglesia; en insistencia de la misma se provocó sin intención, que esto resultara en lamentables consecuencias.

En otro set del episodio de esta película, la joven de esta historia le había confesado a una de sus amigas, que posiblemente algo especial por José sentía. Dicha amiga, actuando como celestina, sin malas intenciones le responde que José quizás estaba interesado en ella. Esto era algo muy extraño, porque por un lado la joven decía sentir algo especial por José; pero por el otro, ella hacia parte de aquel sector de la congregación que destilaba celos hacia él. Esta extraña combinación, sumada al inestable estado emocional de dicha joven, la convirtió en instrumento propicio usado por el enemigo, para hurtar, matar y destruir.

José, al inicio, no la miraba con intención distinta de solo acercarse a ella para obtener su amistad. La confusión comenzó porque recordó aquella conversación con Dios, en la que aceptaba a cualquiera que fuere, entre sus hermanas del liderazgo juvenil, la esposa que Dios eligiera para él; entonces, equivocadamente, empezó a atar cabos, pensando: "Cruce de miradas", "el predicador invitado me hablo de ella", "su amiga me persuadió al respecto" (sí, aquella misma; la que sin mala intención, actuaba como celestina)… todas estas cosas despertaron ligero interés de él hacia ella.

Cierta tarde de cine, en casa de esta joven, estando gran parte de los jóvenes compartiendo en medio de juegos, ella aprovecha y descarga un poco de lo albergado en su corazón, lastimando físicamente a José: (¡Bam¡, tremendo totazo en la espalda). Luego, al disculparse apenada por lo sucedido, las cosas comenzaron a pasar a otro nivel. Se le acercaba mucho; cada vez más cerquita, con muchas caricias, con sus labios cerca del cuello de él; con voz de ternura le decía: "perdóname", "perdóname, que pena"; y nuevamente: "perdóname, que pena"… bis bis bis. Después envió una cantidad exagerada de mensajes al celular, por varios días… Insistió, insistió e insistió; hasta que José cayó y empezó a mirarla con otros ojos. Luego, en cada salida o integración se sumaban roces de piel y acercamientos cortejantes. Todo esto provocó que finalmente José pensara: "Ella es" y ¡suaaaaash! se lanzó decidido a lograr algo más que una amistad. Terrible error; decimos mal: ¡horror!

La pastora de jóvenes, a la que no se le escapaba una, al darse cuenta de la situación habla con él. Puntualmente le pidió el favor de que tuviera cuidado porque ella podía estar confundida; que mejor guardara distancia. Sin embargo, como su corazón ya estaba involucrado, José interpretó el asunto de otro modo, pensando: "más bien creo que no quiere que esté con ella". Esto despertó en él peligroso espíritu de rebeldía y desobediencia. Más bien este pensamiento fue sembrado por quienes tenían el ambiente de la congregación alterado; recuerden que el enemigo estaba haciendo de la suyas, por lado y lado.

"Estaré con ella por encima de quien sea"... Bueno, por rebelde y desobediente, ¡tome pa´ que lleve!

Otro peligroso pensamiento, a su mente vino a parar; desafiando sin darse cuenta, también a su Padre Celestial. Dios hablaba a su corazón y le advertía que estaba cruzando una línea que no debía; pero enceguecido por lo que sentía, la voz de su Padre desobedecía. En su mente, un delicado argumento se paseaba: "Estaré con ella por encima de quien sea"... ¡hay José, no sabes lo que te espera!

Cierta noche de paseo, se cumplió el desenfrenado deseo. Entre abrazos y caricias, palabras que iban y venían, con demasiado acercamiento carnal; el corazón de José, se involucraba cada vez más. Finalmente, un beso; aparentemente ella se admiró por eso. Sin embargo, continuaron los besos; esta vez más intensos, muchísimo más intensos, extremadamente intensos y más duraderos. Tan intensos, que lo único que faltó, fue consumar el acto sexual. Por lo menos José, se sintió con muchas ganas de hacerlo; de haber estado en un lugar privado ¡JUM!, imagínese el resto. Este fuego venia ardiendo desde hace mucho tiempo. Recuerde que advertimos censurar lo menos posible; sin embargo, estamos siendo un poco prudentes.

Posteriormente, los pastores de jóvenes se enteraron; ellos manejaron la correspondiente consejería, pero algo cambió desde aquel día. Correctivos pretendieron tomar, pero algo ya se había quebrado fuertemente; lo cual no se curaría fácilmente. La pastora de jóvenes estaba muy dolida; hacia José mayormente, su enojo dirigía. Pues ella con José, previamente había hablado; a él pidió el favor de forma personal, de que tuviera cuidado. Pero el hizo caso omiso a lo conversado y sucedió lo inapropiado; ¡Aún hay más, no se mueva; ya regresamos!

José, aún seguía con el argumento; pero ahora con mayor desespero y mucho más molesto: "Es ella (la pastora de Jóvenes) la que no quiere vernos juntos". Recordemos, que el ambiente espiritual de la congregación estaba ardiendo; las emociones de la gente ebullendo, pues el enemigo de lo suyo estaba haciendo.

El deseo de José, de estar con la joven, aumentó significativamente; pensaba siempre en ella y en las noches era más ardiente (sexualmente hablando). Esto, indudablemente, volvía decadente su intimidad con Dios; por tener ocupada la mente pensando día y noche en ella y no de la más sana manera.

Desesperado, comenzó a planear un nuevo encuentro con ella; finalmente lo logró y sucedió nuevamente una similar escena. En su mente se propuso firmemente lograr una relación de noviazgo seriamente. Pero la realidad es que era un desenfrenado y ardiente deseo carnal; que estaba invadiendo su cuerpo, contaminaba su alma y perturbaba su mente cada vez más. Esto, obviamente, afectaba su vida espiritual y limitaba la unción; si Dios no hubiera intervenido radicalmente para guardarlo, hubiese caído fácilmente en pecado de fornicación. Aunque en su mente y en su imaginación; ya ese pecado se había cometido, múltiples veces y sin control.

Nuevamente los pastores de jóvenes se enteraron de aquel momento; esta vez, el regaño fue mucho más intenso. Ahora eran más fuertes los matices de la conversación; se tomaron a título personal el asunto y todo se salió de control. Aparentemente hubo reconciliación; pero el daño ya estaba hecho y solo era diplomático el perdón. Este episodio, sumado al ambiente que ya estaba instalado en la congregación, dio inicio al descenso de la vida espiritual y ministerial del escogido de Dios, José.

¡¡¡Cuidado con las hormonas!!!…mejor báñese con agua fría

Observemos, como la vida y proceso de un hombre escogido por Dios, pueden verse afectados solo por buscar la satisfacción de un deseo prohibido. En las Sagradas Escrituras, encontramos algunos ejemplos: Sansón y Dalila, David y Betsabé.

Sansón fue un hombre escogido por Dios, para gobernar a su pueblo (los hebreos) en el periodo de los jueces; con el propósito de liberarlos de la opresión de los filisteos, los cuales eran enemigos de los hebreos.

Este hombre, cuando el Espíritu de Dios venia sobre él, activaba una especie de fuerza sobrehumana e indescriptible. Pero su marcada debilidad por las mujeres, lo llevó a cometer un gran error.

Acostándose con una mujer filistea (Dalila), la cual estaba prohibida para su linaje, terminó revelándole a ella el secreto de su fuerza sobrehumana, facilitando con esto a los filisteos el captúralo y encarcelarlo. Podemos leer este suceso en el libro de Jueces 16:4-22. Para los buenos lectores, la historia completa esta desde el capítulo 13 hasta el capítulo 16.

Por otro lado, David, fue una persona escogida por Dios para reinar sobre su pueblo. Dios lo calificó como un hombre conforme a su corazón. Pero también cometió un grave error, satisfaciendo un deseo prohibido, precisamente con una mujer (Betsabé).

Resumiendo, copuló con Betsabé, siendo esta la esposa de uno de sus más fieles y cercanos soldados. Ella queda en estado de embarazo y David busca la manera de ocultar su falta. Aprovechando su autoridad de rey, envió al esposo de Betsabé al frente de batalla, con la finalidad de que el ejército enemigo lo matara. Logra su propósito y toma a Betsabé como esposa. Pero Dios, que todo lo ve, desagradado por lo que hizo David, tomó cartas en el asunto y aplicó las medidas correctivas correspondientes. Obviamente, esto trajo graves consecuencias para la vida, reinado y descendencia de David. Él siguió reinando y luego reinó su hijo Salomón; pero después del reinado de ellos, el reino se dividió. Esta historia la encontramos en el libro 2 Samuel, capítulos 11 y 12.

Es impresionante lo que una falta, como la de David, puede provocar. Ciertamente, podemos estar seguros de que Dios ofrece su perdón; siempre y cuando el arrepentimiento sea genuino y de todo corazón. Pero las consecuencias quedan, dejando en ocasiones dolorosas secuelas. Tanto, que desearíamos retroceder el reloj para jamás cometer el mismo error.

Sansón logro acabar con un significativo número de enemigos, a pesar de su castigo, pero por su falla fue humillado por los filisteos y hasta perdió la vida juntamente con ellos.

El rey David también logró llevar a cabo el rol que Dios le dio, pero ya sabemos lo que su error le provoco. Hay un dato curioso: en la exhortación que el profeta Natán le hace a David departe de Dios, después de haber realizado tan vil bajeza. Dios le recuerda hasta donde había ensanchado su reinado, y luego le dice: ..."te habría añadido mucho más" (2 Samuel 12: 7-8). Esto causa cierto sin sabor, pues podemos interpretar que David, algunos privilegios perdió; que Dios le hubiera dado más, de no haber cometido tan grave equivocación. ¡Triste, no!

Aguardemos hasta finalizar la historia de nuestro José, para saber si logra asir aquello para lo cual fue escogido por el Señor. Pero seguramente, si no peca, se hubiera evitado sufrir por el dolor y por la frustración, causados por el gravísimo error que cometió.

Un cambio negativo de actitud... ¿Qué le pasa?, ¿Por qué José tiene esa cara?

Antes de hablar de ello, queremos tocar un tema un poco profundo y delicado. Algo que padeció José, luego del episodio con aquella joven. Es un tema algo sensible que debe tratarse con mucho tacto. Algunos lo conocen como trasferencia espiritual o ligadura de almas.

¡¡¡No me digas que un beso puede producir eso!!! Pues sí, no solo un beso sino también las caricias, palabras, acercamientos prohibidos, malas conversaciones y las amistades toxicas, aun entre creyentes (1 Corintios 15:33). Este es un tema mucho más profundo; no pretendemos ahondar en él; solo hacemos referencia para señalar que tuvo parte en el cambio de actitud de José. Quizás muchos no estarán de acuerdo con lo que a continuación diremos; es respetable y están en todo su derecho: habrá gente, en la misma congragación, de la cual se deberá tomar distancia cuando se está en pro de crecer en el Señor. Porque estos mismos, al no estar interesados en avanzar, quizás traten de mantener en su mismo nivel a aquellos que si lo están. Ciertamente, a todos se les debe amar; pero debemos seleccionar sabiamente, con quien profundizar una amistad. ¿Aún no lo cree? ¡Bueno!, pues pregúntele a Dios (Proverbios 13:20, Amos 3:3...). Guárdese de contarle su intimidad a toda gente; discierna, sea sabio y prudente.

José, estando interesado en tener cercana amistad con esta joven y con la mejor amiguita de ella que también era de cuidado (otra, no la celestina); aflojó descuidadamente su entrega radical, permitiéndose cosas que antes no hacia ni decía, solo por agradar y encajar. Por otra parte, era objeto de burlas provenientes de ellas; su inmadurez emocional y espiritual no les permitía a ellas percibir lo que estaba realmente sucediendo, no solo entorno de José, sino también en la congregación.

Entre las diversas funciones ministeriales que ejercía, José también era salmista; pero después de los dos episodios sucedidos con la referida joven, perdió su lugar en el altar, como correctivo disciplinario. Luego le fue quitada la gerencia de células, función que manejaba con gran pasión y entrega. Poco a poco lo fueron desplazando del ministerio de teatro, del cual también estaba encargado... entre otras funciones, que estaba realizando. La mayoría de estos desplazamientos eran realizados por quienes se tomaron de manera personal lo que con la joven había pasado.

Lamentablemente el corazón de José abrió puertas a la contaminación. Rabia, impotencia, sed de venganza, tristeza...; Añádale el ambiente cargado de la congregación y las huestes de maldad que prosperaban en su ejecución. Su rostro fue mudado y desencajado; su habitual sonrisa ya no se notaba; fue apagada... en fin, su vida ministerial "[¡swiuuuuuuuuu plop!]" en picada. Muchos, ignorando lo sucedido, se preguntaban: ¿qué le pasa?, ¿Qué le está sucediendo? ¿Por qué José tiene esa cara?

Por otro lado, en la joven se intensificó lo que en contra de José ocultaba en su corazón. ¿Recuerdan aquella mezcla rara de: sentir algo especial por José; pero a la vez, ser parte de aquellos que celos sentían de él? Bueno, el supuesto "amor", delicado y tierno; se convirtió luego en tremendo desprecio. ¡Raro, no!; pero así fue.

Mas algo, en particular, fue lo más fuerte de todo; aquí es donde juega papel significativo la ligadura de almas de la que hablamos anteriormente. La mente de José comenzó a perturbarse día y noche; escuchaba voces que insistentemente le asediaban. Cuando estaba conduciendo algún vehículo, fuertemente le hablaban (las voces); en las noches era más tormentoso, dormir en paz no lo dejaban. Recurría a la oración, pero esta parecía no funcionar; algo grave estaba pasando en su vida espiritual. También el nombre de aquella joven lo escuchaba una y otra vez; las voces le recordaban lo sucedido y hacían su corazón arder. Aun así, su fatal atracción sexual hacia ella, permanecía; esta se hacía más fuerte cada día. Además de todo esto, tengamos en cuenta, también, el ambiente de la congregación ¡¡¡Diooooooos!!! ¡Que revoltura de cosas! Con decir que hasta pensamientos suicidas pasaron por su mente.

Esto sucedía no solo por la ligadura de almas, sino también por todas las puertas que se le abrieron a las huestes de maldad, debido a: la desobediencia, la rebeldía, el odio y el rencor, entre otros. Todo comenzó con un beso; miren ya por dónde va esto. Es más, la tormenta se inició mucho antes del primer beso. La oportunidad que el enemigo buscaba para entrar y hacer de la suyas con José, la encontró; y mucho más pretendía hacer.

Lo más grave del asunto, era que todo lo estaba enfrentando solo. No quería recurrir a los pastores de jóvenes, por causa de lo sucedido; la confianza con ellos se había perdido. A la vez, se abstenía de hablar con los pastores principales, por cierto tema del que hablaremos más adelante… ¿Quieren un adelanto? Les doy una pista: la túnica de colores... (Esta historia continuará)…

Un ejército organizado y con inteligencia… no subestimemos el reino de las tinieblas.

Todo esto era parte de los ataques del enemigo con su vieja estrategia de guerra espiritual: Divide y reinarás. Finalmente, el adversario logró su meta en la congregación. En particular, contra

José, la táctica de guerra fue: Ataquemos su corazón, escogiendo el instrumento indicado para ello; luego, sembramos desobediencia y rebeldía; después, lo llenamos de sentimientos dañinos, deseo sexual desenfrenado, ira, venganza... Siguiente paso: contaminamos su alma y que sus oraciones no hagan ningún efecto, por causa de la falta de perdón... Poco a poco iremos preparando el camino para algo mucho más peligroso; finalmente... (Esta Historia continuará)...

Amado lector, aquí podemos evaluar algunos aspectos a manera de enseñanza: Primero: la falta de perdón estorba nuestras oraciones (Mateo 6:14-15); también nos resta autoridad espiritual a la hora de enfrentar al ejército enemigo. Segundo: si detallas la historia, notaras parte de la estrategia progresiva del enemigo; como poco a poco puede llevar a una persona, desde lo que aparentemente es insignificante e inofensivo, hasta lo más delicado, peligroso y dañino. Generalmente todo comienza por algo pequeñito y tan sutil, que si no le ponemos cuidado y le damos vía libre, esto nos podría llevar a condiciones muy viles. Por eso no debemos ignorar las asechanzas del enemigo (2 corintios 2:11); mantengamos un espíritu despierto porque el adversario busca a quien devorar (1 pedro 5:8); sobre todo obedezcamos La palabra, el consejo de Dios y seamos sensibles al Espíritu del Señor.

Hay otros interrogantes que debemos responder: ¿Qué antecedentes había con la mente, pensamientos y emociones de aquella joven? ¿De qué estaba siendo guardado José cuando le advertían que guardara distancia de ella?... Más adelante se enteró de los desequilibrios emocionales que esta joven tenía. Ella era ansiosa, compulsiva, obsesiva, posesiva... Al parecer, mantenía una medicación especial para tratar con esto. Ciertamente era una hija de Dios, princesa del reino en proceso de formación como todos; pero tenía un cuidado especial de parte del Señor y de aquellos que la lideraban.

José, por dar muestras de mayor madurez, fue advertido para que tuviera cuidado y guardara distancia; pero por desobediente pasó lo que le pasó y ¡tome pa´ que lleve! ... Amado lector, tenga por seguro que la desobediencia siempre traerá como resultado, indeseables consecuencias. ¿No lo creemos?... ¡Bueno! pues preguntémosle a Saúl (1 Samuel 15); recordemos lo que pasó con Sansón y con David; y miremos lo que le sucedió a Salomón (1 Reyes 11)... punto. ¡Tal cual!

5. Esto no pasa aquí, sino en otra parte...
¡Si, cómo no!

Entre santos, no nos pisamos las mangueras... ¡a no perdón!, eso es entre bomberos.

Es triste decir lo que viene, pero es parte de lo que queremos advertir a los creyentes que quizás estén pasando por situación similar. Muchas veces nos alejamos de los caminos del Señor, al ver actitudes que suponemos no deberían suceder dentro de la congregación. Pero como citamos anteriormente, todos estamos en proceso de formación; no en vano se nos indica en la Biblia, que debemos soportarnos los unos a los otros, en amor (Colosenses 3: 13).

Hay personas que jamás cambiarán; que permanecen sumergidas en su terca posición y que, consecuentemente, no permiten ser transformadas por Dios. Por eso, nuestra mirada debe estar puesta primordialmente en el Señor (Hebreos 12:2); él lo soportó todo por amor y nos ayudará, sin duda, a sobrellevar cada situación. Recordemos: pase lo que pase, dentro o fuera de la congregación; jamás renunciemos al llamamiento del Señor.

José padeció cosas que nunca en su vida, antes de convertirse al Señor, le habían acontecido. Era un joven amado, admirado, sociable, agradable, buen amigo, con marcados lazos familiares... casi que carecía de conflictos con los demás. Uno que otro detalle por arreglar; pero en general, un muchacho muy ejemplar. Tampoco digamos que era un santo; obviamente no, era pecador como todo aquel que vive su vida, sin Cristo en su corazón. Pero era un joven que tenía buena relación con la mayoría de las personas que le rodeaban.

Es cuando se convierte al Señor, que muchas cosas cambian para él; aquí empiezan las inconformidades de los amigos, vecinos y familiares también. Era entendible que comenzara a chocar con quienes no estaban consagrados a Cristo. Lo curioso y lamentable estaba en el hecho de que a pocos meses de estar congregándose, José ya comenzaba a ser blanco de celos, envidia, rabia… por parte de algunos miembros de la iglesia. De aquellas personas que se suponía, debían ser un brazo de apoyo, en esta nueva vida que emprendía. Al Inicio, lo disimulaban muy bien; pero cuando el ambiente se puso caliente, "¡JUM!" agárrate José, que una avalancha va a caer.

¿Por qué ellos?... aquellos deben ser los primeros…

Ubiquémonos nuevamente en el tiempo, previo al cual el ambiente se tornó hostil en la congregación. El Espíritu Santo se manifestaba en los Jóvenes de manera particular; tanto, que algunas autoridades y líderes principales no lo podían asimilar, pues suponían que primero a ellos estos dones el Espíritu debía entregar. Había no solo hacia José un recelo sutil, sino hacia todo lo que Dios estaba derramando en el ministerio juvenil. Ciertamente Dios es un Dios de orden; pero no necesariamente este será como lo esperan los hombres. Recordemos que hubo una palabra profética proclamada y reconfirmada por varios predicadores invitados a la congregación, que en parte decía: … "el avivamiento, por los jóvenes entraría".

Dios es soberano, hace como quiere, con quien quiere y cuando quiere. Además, solo Él conoce lo que cada corazón tiene y de lo que podemos ser capaces. Él actuará según la disposición y el sometimiento que en su "presciencia" (Conocer de antemano lo que ha de suceder), observe en cada uno de sus hijos y obreros. Diciéndolo vulgarmente: Él sabe de antemano quien se torcerá... ¿No nos cree? Bueno, preguntémosle a Judas (Mateo 26:23).

Lo curioso de esta historia es que hay siervos del Señor a los cuales Dios les concede el don o la capacidad, de saber algunas cosas con anterioridad (2 Reyes 8: 7-15). Cabe aclarar que aunque es un don dado por Dios, es Él quien se reserva el derecho de elegir lo que quiere mostrar y a quienes; es decir, es algo que no debemos provocar, sino dejar que Dios sea quien lo propicie. ¿Recuerdan lo que se escribió aquí, tomado del libro "El vidente"? Bueno, a que no saben ¿a quién estaba capacitando Dios en este don?... ¡Bravo!, acertaron; nada más y nada menos que a nuestro José.

Muchos estaban anhelando aquello que en los jóvenes se estaba derramando. ¡Bueno! ¿Pero qué hay de malo en anhelarlo?; pues nada. El problema surge cuando se entra en el terreno peligroso de la envidia y de los celos. Porque quizás, comenzamos a pedirle cosas a Dios con la motivación incorrecta; y si es así, como dicen en la costa, "no se vista, que no va"

Es muy humano desconocer de lo que se puede ser capaz; engañoso es el corazón y a cualquiera le puede pasar (Jeremías 17: 9-10). En ocasiones, insistimos en hacer cosas que Dios no ha ordenado, o en pedirle a Él algo que no tiene intenciones de entregar. Peor aún, a veces lo está prohibiendo y nosotros insistimos en pedirlo o hacerlo. Por más noble que parezca lo que queremos hacer o tener, si se pide insistentemente y aun así Dios no lo aprueba, es mejor no insistir; Él tendrá sus razones. No nos carguemos, mejor tomemos el ejemplo sabio y humilde de David (2 Samuel Cap. 7).

Tan grande es el amor de Nuestro Padre Celestial, que aun en eso nos quiere guardar; no desea entregarnos algo que no sepamos manejar, con lo que podamos lastimarnos y lastimar a los demás. Es necesario pedir esto en oración, reconociendo que por la caída del hombre poseemos esta cualidad engañosa de nuestro corazón. Repita con nosotros: Señor, sobre toda cosa guardada, guarda mi corazón (Proverbios 4:23).

Usted dirá: "¡¡¡No, yo jamás; yo soy muy bueno, de eso soy incapaz!!!". Bueno, leamos lo que rogó el hombre conforme al corazón de Dios (David); el cual, siendo sincero y humilde, reconoció que podían haber cosas ocultas en su corazón (Salmo 19: 12-14). Además, si usted se considera muy bueno, pues mire lo que dijo Jesús (Marcos 10:17-18). Imagínese, si esto lo dijo Aquel que no cometió pecado alguno ¿Que se deja entonces para nosotros que somos pecadores? (Romanos 3:10, Proverbios 20:9, Romanos 3:23).

Amado lector: por eso es necesario que se goce con lo que Dios particularmente le está entregando; evite que su corazón se cargue envidiando, lo que Dios en otros esté derramando. Cabe aclarar que no es malo desear, aquello que vemos en hombres de Dios, dignos de imitar (1 Corintios 11:1). Lo peligroso está (y lo repetimos), en distraernos celosamente, por no tener lo dones y talentos que otros tienen; quizás descuidando y enterrando los que personalmente se poseen. Peor aún: caer en ciertas acciones u omisiones no agradables delante del Señor; dándole rienda suelta a la envidia en nuestros corazones. No solo apagaríamos los dones y talentos que Dios nos entregó; también estorbaríamos los planes maravillosos de Nuestro Salvador. Luego entonces, como dicen en la costa: "Ni pa´ ti, ni pa´ mi"; el tiempo del adiós fue para los dos.

Dios le entrega a cada quien a su medida. No quiere decir esto que el que "más tenga" sea más importante; de hecho, éste tendrá delante de Dios, mayor demanda y responsabilidad (Lucas 12: 48). Así que si usted es de los que se cargan por "creer que tiene menos"; más bien relájese y dedíquese a lo suyo, pues tendrá menos cuentas que rendir. En todo caso, dependemos y necesitamos los unos de los otros. Más importante aún: sin excepción, todos necesitamos de Dios; es a Él a quien finalmente debemos dar los méritos, la gloria y el honor… ¡Tal cual!

¿Qué haremos con José?... es claro que hay un llamado en él

En medio de toda la avalancha de celos y envidia, había algo importante para rescatar. Cierto sector del liderazgo principal (adultos) era consciente de que en el ministerio juvenil, Dios se estaba manifestando poderosamente; insistían en que algo se debía hacer para entrenar e impulsar a los jóvenes por causa de estos dones y ministerios, sobre todo a José.

En cierta ocasión, en una de las reuniones que regularmente realizaba el liderazgo núcleo (principal, grupo base…), en medio de distintos temas tratados para la programación de la agenda ministerial, surgió una pregunta en particular: ¿Qué hacemos con José? ¡Ay amado líder… en tu saludable, razonable y sabio interrogante, nos sabes la guerra de Troya que iniciaste!... como dicen en la costa: "se formó".

Lo propuesto por una de las partes, era que al ver (percibir) el evidente llamamiento de José, así como también el de un significativo número de líderes del ministerio juvenil, entonces había que diseñar, buscar, plantear… la manera de prepararlos para proyectarlos hacia el ejercicio de la profesión ministerial, propia de cada llamamiento. Si era necesario se debía pedir apoyo externo a ministros dotados en la materia para lograr dicho cometido.

Sin embargo, la contraparte de esta propuesta se negaba firmemente y no deseaba darle la debida importancia a este asunto. Quizás, en el fondo, lo veían como una amenaza para "sus planes", acordes a la "voluntad de hombres". Pero no se daban cuenta que con esta oposición, estaban corriendo el riesgo de obrar en contra de la voluntad de Dios, parcial o totalmente.

Esto sumó peso a la bola de nieve que ya venía descendiendo. Los unos a favor y los otros en contra; unos queriendo impulsar, y otros negándose a apoyar. Entonces, el fuego cruzado en el que José se encontraba, aumento, no solo en arsenal, sino también en el calibre de las municiones disparadas.

La pregunta es: ¿Cuál era la voluntad de Dios al respecto? Bueno, sembremos otro interrogante: ¿Para qué se molestaría Dios en manifestar todo este movimiento espiritual en los Jóvenes, respaldado y reconfirmado por múltiples palabras proféticas, aun de ministros invitados de afuera (otras congregaciones, ciudades y naciones), si en realidad no era su intención escogerlos para el ejercicio de la profesión ministerial? Hay un dicho que cita: "No hay peor ciego que el que no quiere ver, ni peor sordo que el que no quiere oír"

Es mejor que te vayas… la estocada final, la más letal

Los pastores de Jóvenes, finalmente deciden retirarse con la posibilidad de abrir otra iglesia (grupo de oración, comunidad, congregación…) en la misma ciudad… José es visto por algunos cómo candidato clave para asumir este cargo (pastor de jóvenes). Cosa que obviamente no le agradaba a cierto sector de la congregación. Además, últimamente su actitud no era la mejor; los efectos del episodio con aquella joven, aún permanecían latentes en él.

Ahora, la situación se pone más tensa. Algunos lo veían como el indicado para liderar a los jóvenes, cosa que delegadamente ya hacía, en cierta medida; pero otros estorbaban el cumplimiento de esta posibilidad, entre ellos la joven de aquel suceso. Pero ya sabemos que desde hace mucho tiempo estos dañinos sentimientos estaban escondidas en sus corazones.

Entre todos estos casos, había uno en particular; era el más "sutil", pero resultó siendo el más peligroso y letal. Esta fue la estocada final por la cual José se decide marchar; nada más y nada menos que por la puerta de atrás. Este tema ya traía sus antecedentes; parece que celos también había presente, entre otros sentimiento que aún no se comprenden. Lo que pasó fue lo siguiente: Debido a tanta presión, José se comunica con la pastora principal con la finalidad de pedirle un tiempo, algo de respiro; le solicitó vía mail, permiso para congregarse únicamente los domingos. Esta petición tenía la inconfesable intención de buscar un escape temporal; la idea era esperar que pasaran los efectos de todo este embrollo. Pero ¡oh!, que gran sorpresa José se llevó. Entre varias palabras, la respuesta que le entregaron, citaba: "Es mejor, que te vayas"… ¡Ups! directo al corazón; duro, seco y sin anestesia.

Finalmente, José se marcha de la congregación; tanta presión tenía a causa de todo este escenario, que Dios permite su retirada, quizás para guardarlo… (Esta historia continuará)…

Meses más tarde, los líderes encargados del ministerio de parejas, también deciden retirarse con la intención de abrir un nuevo sitio de reunión, en la misma ciudad. Este era un matrimonio de gran influencia en la congregación. Definitivamente, las cosas no marchaban muy bien; este tipo de episodios, lo evidenciaba también.

6. "Soledad" peligrosa; "soledad" provechosa
Rodeado de gente; "solo" completamente

¿Y ahora qué hago?... ¿ahora para dónde voy?... ¿qué pasará conmigo?

Aunque para José fue muy doloroso separarse de su amada congregación, en el fondo sentía profunda paz, pues era tanta la presión que había tenido, que para él, retirarse era gran respiro. Algunos pensaron que correría hacia los pastores de jóvenes que meses antes también se separaron de la congregación; pero no fue así.

Fue un largo periodo de muchos contrastes. Primero estuvo en una comunidad eclesiástica cercana a su domicilio, para, obviamente, no dejar de congregarse. Estando allí, en una mezcla de paz y seguridad, pero con incertidumbre y ansiedad, pensaba y se preguntaba: ¿Ahora qué hago? Aquí soy un desconocido; ¿Qué pasará con el ministerio para el cual Dios me ha escogido?... En esta congregación había personas que lo conocían y sabían de donde él venía; asunto que también cierto tipo de presión sobre él ejercía. Más adelante tocaremos este aspecto.

En esta comunidad, permaneció aproximadamente 3 meses, pues el Señor ya le había mostrado que sería una estadía temporal. En su don visionario, a través de "sueños" Dios le había manifestado que regresaría nuevamente a su primera congregación, pero antes pasaría temporalmente por otro lugar… ¿creo que se lo imaginan, no?; pues sí, ese lugar era la nueva congregación que ya habían fundado, aquellos pastores del ministerio de jóvenes que se habían retirado.

Respecto del mencionado sueño (Visión), queremos explicar lo siguiente; extraído también del libro "el Vidente" de Jim W. Goll: "Un sueño es una revelación visionaria del Espíritu Santo que uno recibe cuando está dormido. Los sueños sobrenaturales pueden suceder en cada nivel del sueño: descanso liviano, intermedio o profundo". Recomendamos leer Job 33:14-16 y Daniel 7:1 (la Biblia está llena de evidencias al respecto)… Cabe aclarar que no todos los sueños vienen de Dios; pero ya ese es otro tema…

Te presentarás, dirás que yo te envié y, nada más…

Antes de presentarse a la nueva iglesia, fundada por quienes fueron sus pastores en el ministerio de jóvenes, José tuvo una fuerte deliberación con el Señor. No porque no quisiera asistir allí, sino porque sabía de antemano, por visión en sueño, que algún día regresaría a su primera congregación. Para cerrar dicha deliberación, finalmente Dios le habla a José en forma imperativa: "Te presentarás, dirás que Yo te envié y, nada más"… ¡Hay tienes José! ¿No querías servirle al Señor?; bueno, responda: "heme aquí Señor, dispuesto estoy". El verdadero siervo hace lo que sus Señor le ordena, así del todo no lo entienda (Lucas 17:10); pues lo que es una orden es una orden, no una sugerencia… punto, ¡tal cual!

En obediencia a su Señor, fue e hizo tal cual como se le ordenó. Los pastores lo recibieron y el comienza a congregarse. Al inicio todo estaba aparentemente bien; pero luego aparecieron secuelas de las heridas causadas por la separación, las cuales no habían sanado del todo. Ellos venían arrastrando con muchos aspectos que serían impedimento para el avance ministerial de José. Además, la ruptura de la confianza por el "bendito" suceso con aquella joven todavía no se reparaba. Para añadirle aún más, en el fondo ellos no estaban muy contentos con el hecho de que José hubiera asistido previamente a otra congregación y no inmediatamente a la de ellos. Nunca confesarían el hecho de sentir todas estas cosas; pero José, por su discernimiento entrenado, sabía lo que en su interior ellos estaban albergando.

A pesar de todo lo anteriormente descrito, José estaba sujeto a una orden del primer nivel de autoridad de esta línea de mando (El Señor); así que, como dicen en la costa: "a lo que vinimos". En poco tiempo José se puso al servicio de la obra, ayudando al crecimiento de la misma en diversas funciones; entre ellas, una de las que más quería realizar con amor: ministrar alabanza. Pero esta vez, asumiría el reto de hacerlo como director. Bueno, la necesidad presente en la congregación, lo colocó en esta posición, pues no era el súper músico o cantante profesional. Lo que si se evidenciaba claramente, era que su ministración por medio de la adoración, era genuina y poderosa; reflejaba alto y serio nivel de intimidad, comunión, santidad, entrega... Solo se colocaba a disposición del Espíritu Santo y la labor daba buenos resultados. Sin embargo, nuevamente esto generaba incomodidad en algunos; pero por su experiencia previa en este tema, ya sabía cómo manejarlo, tomando sus precauciones.

Sabiendo que algún día tenía que retirarse de esta congregación, se sentía incómodo frecuentemente; José se preguntaba como haría cuando ese momento llegara. En ocasiones tomaba distancia y trataba de no aferrarse emocionalmente; pero era algo tan difícil de lograr, rodeado de los presentes. Su rostro a veces reflejaba una actitud seria, por lo anteriormente descrito; pero esto era malinterpretado y tomado a título personal; esta situación era muy incómoda.

¿Cómo creceremos ministerialmente?... si esto es así, no avanzaremos.

José dio muy buenos frutos sirviendo aquí; quiso realizar muchas otras funciones, pero no le fue posible. Ya saben; otra vez un poco de lo mismo y aunque ya había pasado por situaciones similares, se desesperaba un poco, y pensaba: "¿Cómo creceré ministerialmente en esta condición? Si sigo en el mismo nivel y no avanzo, me estancaré y quizás declinaré.

Pasado unos meses, sucedió algo que lo dejó desconcertado; esto le comprobó que definitivamente debía salir de allí. El suceso que contaremos a continuación, también era muestra de que no lograría mayor cosa en esta congregación.

La pastora principal empezó a rotar a los líderes para que predicaran cada semana, en el servicio de los miércoles. Que emocionante era ver cada semana, cuando en el altar uno a uno se colocaban; sentados en las sillas, los espectadores se gozaban, escuchando la palabra predicada por quienes detrás del atril, nerviosos pero dispuestos, se encontraban. Pero, cuando el turno a José le correspondió, algo extraño sucedió; que ya no era una sorpresa para él. En algunas autoridades de la congregación, el enojo se notaba; tan evidente y aun desde antes que José iniciara. Además de ser evangelista, José era usado en profecía y las cosas que esa noche debía expresar, a varios de ellos no les iba a gustar.

Por un lado, eran secuelas que venían sembradas en sus corazones, desde la primera congregación. Por el otro, seguramente sus planes de hombre se estremecerían, por la palabra que el Señor esa noche entregaría. El enfado fue tan grande, que después de que José término, el micrófono uno de ellos tomó y al enemigo reprendió, insinuando con esto que José estaba siendo usado por el diablo. Bueno, Jesús también fue tildado injustamente como tal (Mateo 12.24); si eso le aconteció a nuestro amado Maestro, para José sería gran privilegio que a él le sucediera. Esto hace parte del precio que se paga por ser uno más de sus siervos, gloria a Dios.

Pasado el tiempo, antes y después de que José se retirara de esta congregación, muchas de las advertencias que anunció aquel día, sucedieron. Confirmando así que no era el enemigo el que lo usaba, sino Dios el que hablaba, advirtiendo y previniendo a la iglesia. Las profecías, además de exhortar, edificar y consolar; también sirven para corregir, prevenir y direccionar el rumbo que la congregación debe tomar, en ciertos aspectos.

Esta es otra de las razones por la cuales debemos guardar nuestro corazón; pues Dios puede usar a cualquiera para este tipo de comunicación. Podemos caer en el error de tomarnos a título personal estas advertencias, creyendo que es irreverencia. Podemos terminar ignorando algunas directrices de Dios y luego sufrimos las consecuencias de algo que pudo prevenirse de antemano. Dios restaura, sí; Dios perdona, sí; Dios ayuda, sí; Dios hace que obre para bien; también. Pero sería mucho mejor y perdiéramos menos tiempo, si atendiéramos de antemano lo que Dios está previniendo.

Después de retirarse, luego de algunos meses, José vuelve a la primera congregación. ¡Ten cuidado José! No sabes lo que te viene sigue guardando tu corazón… (Esta historia continuará)…

De congregación a congregación… no es buena recomendación…

En este punto queremos hacer una observación, pues al leer como José pasó de congregación a congregación, puede esto prestarse para confusión. Este solo es un caso particular; no es lo debido, no es lo recomendable, no debería ser lo ideal. Tampoco debe tomarse como modelo a seguir.

Diversas circunstancia arrastraron a José, llevándolo a tomar estas decisiones; por causa de "humanos" corazones (Incluyendo el de él), que no supieron corregir ciertas acciones. Quizás no era voluntad directa de Dios que José pasara por diversas congregaciones; ¡Quizás; Quizás! Posiblemente, en medio de todo, Dios tomo correctivos necesarios por causa de tercas y "humanas" formas de pensar.

Cuando este tipo de cosas suceden, Dios entra en un proceso de reingeniería y trata de alinearnos nuevamente; obviamente, si tomamos la posición correcta, aprendiendo de nuestros errores y con el compromiso de someternos a la agenda del Espíritu Santo. [¡UFFFFFFF Jhayyyy! (Suspiro)] ¡Cuando llegará el día en que aceptemos, que los planes de Dios siempre serán mejores que los nuestros! (Isaías 55:8-9, Jeremías 29:11).

No está demás señalar también, que no estamos en plan de denigrar la imagen de los siervos de Dios; mucho menos con intenciones de señalamientos o juzgamientos. Volvemos a decir que nadie está en condiciones de arrojar la primera piedra; sea por pecado, errores o malas decisiones... bien por lo que sea... nadie puede hacerlo. Lo importante es saber tomar con la ayuda de Dios, los correctivos necesarios cuando fallamos. ¡Aunque sería mejor, acatar las advertencias de antemano, no!; pero bueno, así de cabezones somos. ¡Gracias a Dios por su paciencia, tolerancia, bondad, misericordia... por todo lo inmerecido que por amor y gracia nos brinda.

Apreciado lector: no nos desenfoquemos del objetivo principal de este libro: "pase lo que pase guardemos nuestros corazones, para que jamás renunciemos al llamamiento de Dios". ¡Ánimo! ¡Sigamos adelante! Que no nos importen los errores que veamos en los hombres y en las congregaciones. Le advertimos que quizás hay casos peores; más intensos que los descritos en este libro. Aun así, permanezcamos firmes en la línea de batalla de este privilegiado servicio. (Hebreos 12.2).

Intimidad, mucha "soledad"... hermosas letras y canciones

En medio de todos estos periodos de soledad, algo muy provechoso resultó de los tiempos de intimidad. Entre las múltiples promesas de Dios para José, estaba la siguiente: "en las vigilias de la noche, te daré sonidos y canciones para sanidad de las naciones". Parte de esa promesa se cumplió; en medio de la soledad, muchas canciones escribió. Se espera que esta promesa se complete al grabarlas y publicarlas.

En anterior ocasión, también recibió la promesa de ser usado por Dios como escritor; igualmente se espera el completo cumplimiento de esta. ¡WAO! ¡Que buen y poderoso Dios nos mandamos, "nomejoñe"!...y digcubpenos eg codteñol (costeñol: Dícese de una forma autóctona de hablar; jerga del idioma español en la costa)... Pero miremos como toma Dios una situación dolorosa y la convierte en plataforma para obtener victorias, cumplir sueños, establecer cosas nuevas, formar, transformar... ¡WAO! ¡WAO! ¡WAO!... Él hace que todo obre para bien (Romanos 8:28)... y si queremos más, no vayamos a otro lugar; corramos a los pies de Cristo.

7. Episodios aquellos; casos de la vida real
¡Ah, tomémonos un break, si!

De película; secuestro y rescate... ¡¡¡Aquí lo traemos!!!

Desde su infancia, José vivió particulares experiencias. Podemos escribir una novela o filmar una película sobre ellas; ¡no sería mala idea, eh!

Un aspecto para resaltar, es que su padre sufría de una particular enfermedad: ataques de epilepsia que lo limitaron y lo mantuvieron en un estado volátil e inestable. Estando aun recién nacido, una enfermera lo dejó caer, propiciando fuerte golpe en su cabeza, que dejó como resultado irreparable secuela. Sin embargo, con tratamientos y seguimiento médico, esta enfermedad se reguló; pero luego, por causa de doloroso episodio, se agravó.

Retrocedamos un poco más en el tiempo. Cuando José tenía aproximadamente 2 años de edad, sus padres se separaron; en parte, la enfermedad arriba descrita contribuyó para que esto sucediera. Con su madre, José se marchó; con esto la enfermedad del padre de José, se agravó. Cada vez que el padre iba de visita, el aspecto que veía en su hijo nada le agradaba; las condiciones del sitio en que se encontraba, hacían que José se enfermara, porque no eran adecuadas. Con frecuencia en cada visita, el padre de José terminaba con ataques de epilepsia; tenían que llamar a la familia para que con urgencia lo atendieran. Pronto se le daría a esta situación, cinematográfica solución.

La familia del padre de José se ideó un plan para traer al niño José a casa de ellos. Se pusieron de acuerdo con un vecino, una tía de José y el esposo de ésta; al predicho lugar, fueron a buscarlo en una camioneta. Para regresar con él de nuevo, decididos partieron; aunque bastante temerosos por lo que allí posiblemente enfrentarían.

Al llegar al sitio, dieron una falsa excusa a quienes allí estaban; les manifestaron que la abuela paterna de José había regresado de viaje y quería ver a su nieto amado. Estando dentro de la casa donde José se encontraba, entra por la puerta principal una peligrosa amenaza. "Al niño no se lo llevan, él se queda aquí plantado"; dijeron algunos hombres que a la casa entraron alterados.

De repente sucede algo inesperado: el vecino de la familia, un arma de fuego había llevado y, desenfundando esta, apuntaba de lado a lado. "A este niño no los llevamos", dijo; "y al que se meta le damos", añadió. Afuera estaba el esposo de la tía, quien en la camioneta esperaba, manteniendo dicho vehículo encendido y las piernas que le temblaban. Dentro de la casa la situación continuaba; con el niño en brazos de la tía, ésta y el vecino, de espaldas caminaban. Con el arma apuntando, el vecino persistía; que largo se les hacía el camino hacia la salida. De repente, cruzando la puerta, se calienta mucho más la situación: "¡Corre, corre, corre a la camioneta!"; el vecino a la tía le gritó; mientras con el arma a varios hombres enfrentó. Cuando llegaron al vehículo, muy exaltados ellos, gritaron: ¡arranca, arranca, arranca...! ; ¡Acelera! ... Finalmente, a gran velocidad ellos se marchaban; ni el conductor más experimentado los alcanzaba.

"¿Nos vendrán siguiendo?", ellos se preguntaban; pero realmente la misión aún no terminaba. En el barrio, los demás vecinos aguardaban; ellos estaban enterados y ansiosos esperaban.

Cuando ven llegar la camioneta, a su encuentro todos se acercaron; la tan esperada gran noticia, con gritos de emoción anunciaron: ¡Aquí lo traemos! ¡¡Aquí lo traemos!! --gritaban con alegría--; desde entonces, de la familia de su padre José nunca se separaría.

El reencuentro con su madre..."Bueno, está bien mamá"

Los días siguientes al anterior episodio, la madre de José llegaba a reclamarlo; pero la familia del padre jamás quiso entregarlo. Luego, dejo de insistir; por muchos años se marchó y no volvió allí. Básicamente, toda su infancia y gran parte de su adolescencia la vivió sin su madre biológica; pero de sus tías, abuela y demás familiares allí, recibiría todo el cariño que no alcanzamos a describir.

La verdad nunca le fue ocultada; desde el inicio supo la historia, tal cual; de su madre, jamás le hablaron mal. De alguna forma, su corazón era guardado por Dios para que no creciera con resentimiento alguno.

Pasado el tiempo, a pocos días de cumplir los 19 años, José recibió una llamada; ya le habían dicho con anterioridad que su madre lo iba a contactar. Aun así, al tomar el teléfono y escuchar su voz, la experiencia fue de gran conmoción. Su cuerpo empezó a vibrar y sus manos comenzaron a temblar; sudoroso, su cuerpo se tornaba mientras aquella voz por la bocina, escuchaba: "Yo soy tu mamá, yo soy tu mamá", decía aquella voz; mientras él, resistiendo el llanto, titubeantemente, respondió: "bueno, está bien mamá". Ella le expresa sus intenciones de llegar, rogándole que no la fuera a rechazar; pero él solo repetía una y otra vez la misma frase: "bueno, está bien, mamá". Fue un episodio muy difícil y visceral. Al colgar el teléfono, buscó los brazos de aquella dama, a la que "mami" él llamaba (la mejor amiga de la abuela); la resistencia al quebranto terminaba, reventando en llanto este no paraba, mientras su cuerpo aun vibraba y temblaba... [¡Uffff Swúuuu!] (Suspiro) Que inolvidable momento.

27 de enero de 2001, día de su cumpleaños, pocos días después de aquella llamada, sucedió el gran encuentro. Alguien llega a la puerta y su abuela lo llama; luego, José baja las escaleras y ve a su madre en la entrada. Ella, sin esperar que él se acercara, a sus brazos se arrojaba; mientras que pedía con mucha fuerza, que la perdonara. Él, sin titubear un momento, le ofrece perdón; su corazón ya había sido preparado, para esta situación. No guardaba amargura, rabia, ni rencor; solo quería conocer a la mujer en cuyo vientre el milagro de vida guardo. ¿A que no saben con qué frase ese día a su madre, José le respondió?; si, esa misma: "bueno, está bien mamá"; de su boca, no salía nada más.

8. Otra vez de lo mismo; y mucho más…

No hay mal que dure cien años; pero, ¿hasta cuándo?

Caras nuevas vemos… corazones, no sabemos

Retomemos la línea del tiempo de esta historia. Después de pasar por varias lugares de congregación, llega para José, el momento de regresar al sitio en el que todo empezó (la primera iglesia). Asistiendo inicialmente solo a los servicios dominicales, permanecía callado y expectante. Algunas personas se le acercaban demostrando alegría por su regreso; otros, con el "don de sospecha", solo lo miraban y apenas de lejos saludaban; pero cierto sector de la congregación no estaba muy a gusto con su regreso. Prudentemente, en el centro del salón se sentaba; pero las hileras de sillas cercanas a él, permanecieron vacías por varias semanas. Casi nadie se le acercaba; "la iglesia restauradora" de Cristo ¿dónde estaba?

En la siguiente reunión dominical, Dios le da indicaciones para que hable con el pastor principal; José le expone la decisión de volver nuevamente a la congregación. Siendo sincero, le dice que personalmente no quería regresar ni asistir a ninguna otra iglesia en particular; que solo lo hacía por obediencia a su Padre Celestial.

Pasados algunos meses, el pastor principal instaló nuevamente a José en el ministerio de alabanza; aparentemente, todo lo acontecido atrás se quedaba. Pero aquí aún permanecía un antecedente con la bendita "túnica de colores"; si, con aquel "manto especial" que había provocado tantos dolores.

Esta vez había muchas caras nuevas; personas que no conocían a José, que no estuvieron presentes en sus primeros años de proceso. Más tarde, alguna de estas personas también fueron atrapadas por los efectos que producía el manto especial que había sobre él.

Alguno de los nuevos integrantes hacían parte del ministerio de alabanza; estos al ver que José era designado para dirigir los días viernes (más que todo por falta de disponibilidad), se llenaron de celos. La manera de dirigir y ministrar de José producía notables frutos; pero nuevamente esto le causaba problemas con aquellos que no sabían guardar su corazón.

¡¡¡Pilas que regreso José!!!...¡no nos quitará lo que hemos logrado; es nuestro...!

El cargo de pastor juvenil aún seguía vacante; hasta ese momento el ministerio de jóvenes era manejado por líderes del mismo, distribuidas las funciones entre ellos. Algunos, anhelando el mencionado cargo (pastor de jóvenes), sutilmente se daban de a codazos para conseguirlo. Ahora que José había regresado y, sabiendo que era fuerte candidato para dicho cargo, con mucha más razón los codazos se intensificaron. Algunos actuaban de cierta indecorosa manera, para evitar que José dicho cargo obtuviera.

Esto añadía presión a su situación, a la vez causaba mucho dolor; no tanto por el cargo de pastor juvenil, ya que José no necesitaba un título para servir (aunque de cierto modo él sabía que no se lo darían; en próximos párrafos diremos porque). Su tristeza tenía su causa en el hecho de ver la forma como varios de sus hermanos(as) adoptaban tan degradante y preocupante actitud. Al final de cuentas, por más que hicieron no pudieron obtener dicho cargo; esto no es del que corre ni de quien quiere, sino de quien Dios tiene misericordia. Bueno, deseamos que hayan aprendido la lección; El Señor tiene grandes planes con cada uno de ellos, pero necesita sus corazones limpios y dispuestos, para poder hacerlo.

¡Ah! Sé que dijimos que esto no es del que corre ni de quien quiere, sino de quien Dios tiene misericordia; pero la persona que finalmente eligieron para el cargo de pastor juvenil, quizás, no necesariamente era la voluntad de Dios. ¡Pero que obstinados somos! ¡Seguimos con la necia osadía de creer que nuestros planes son mejores que los de Dios!... ¿Cuándo será que aprenderemos?

"Un buen elemento"; usémoslo, pero no dejemos queeeeee...

Entre las personas que José encontró al volver, estaba una pareja matrimonial, quienes, al pasar algunos meses, fueron nombrados "pastores del ministerio juvenil". Aparentemente todo estaba bien, pero con el tiempo se demostraría que no del todo; especialmente con uno de ellos. Desde el mismo instante en que José vio por primera vez al hombre de dicho matrimonio en la plataforma (altar), antes de ser nombrado pastor de jóvenes, percibió que algo no estaba bien con él. Pero esta vez la orden para José, de parte del Señor, era: "¡Ten cuidado José!, guarda prudencia y silencio". Dios sabe lo que hace y José ya la tenía bien clara; así que, como dicen en la costa: "Callaíto, te vez más bonito".

Entre los jóvenes nuevos, estaban unos muchachos que con el tiempo añadieron fuego al infierno que preocupaba a José; eran bebes espirituales consentidos y usados por este nuevo pastor.

Estos adolescentes, en sociedad con quienes ya tenían sus antecedentes en el tormentoso caso de José, se deleitaban realizando lo que aquí llamaremos "Bull ying eclesiástico". Sin embargo, José ya contaba con mayor experiencia y madurez para tolerar un poco más esta situación, sabiendo que ellos eran nuevos y emocionales creyentes en formación, quienes a la vez estaban siendo manipulados por este nuevo pastor. Esperamos que hayan crecido, logrando significativos cambios; madurando espiritual y ministerialmente, para ser usados por Dios en lo porvenir.

Este nuevo "pastor" y su esposa, calificaban a José como "un buen elemento"; adjetivo no muy agradable para él y mucho menos por las intenciones que discernía en este nuevo "pastor". Al respecto, José tenía el siguiente pensamiento: "Entre los privilegios de ser parte de una familia, está el hecho de apoyarse recíprocamente para lograr los planes propuestos; en este caso el plan sería llevar a cabo el propósito de Dios, sabiendo que cada quien tiene una asignación, en particular, engranada con la de los demás. Pero al escuchar que llaman a alguien "buen elemento", da la impresión de solo ser usado hasta donde se necesita; cuando ya no es útil, solo queda para ellos "el tiempo del adiós". José no quería ser solo "un buen elemento"; él quería ser parte de una familia con las características antes descritas. Los buenos elementos son los que utilizan las conspiraciones militares, gubernamentales u otras en servicios de inteligencia; pero cuando terminan el trabajo se convierten en amenaza para los planes particulares de sus líderes, los cuales no pueden dejar cabos sueltos al finalizar. Después son dejados en el olvido; y en ocasiones exterminados. Suena duro, pero eso intentaron con el ministerio (asignación, misión, llamamiento…) de José; algunos hasta anhelaron para el algo mucho más fuerte.

Entre otras vergonzosas formas de proceder, varios de los mencionados buscaban todos los medios y las formas de hacer de

José figura invisible; trataban de ignorar su presencia, y procuraban que otros lo hicieran. Lo desacreditaban y difamaban; procuraban hacer resaltar sus errores y defectos; le escarnecían y se burlaban… en fin, para tales fines se asociaban.

Con el tiempo, este nuevo "pastor" de jóvenes fue retirado de su cargo. Algo que "al parecer" no podía ser pasado por alto, motivo a los pastores principales a tomar esta decisión. Aquel "pastor", al marchase de la congregación, lo hizo reaccionando de forma necia y hostil; pues claro, de una u otra forma esto se veía venir. Su inestable temperamento emocional era una bomba de tiempo que en cualquier momento podía estallar; a esto le podemos sumar su falta de integrad y carencia de mérito al obtener ciertos logros… (¡No vaya a ser… y no sería extraño, que algunos hayan pensado que José tenía participación en dichas acciones!; si creyeron tales cosas, pues se equivocaron. José discernía que algo estaba mal; pero no tenía especifica claridad)... Independientemente de todo lo sucedido con dicho "pastor", aun así, también se espera que haya reconsiderado su actitud; si toma los correctivos necesarios, Dios puede usarlo de múltiples maneras (si lo permite). La influencia social que posee es un gran potencial. De hecho, más que pastor, es un gran gestor y comunicador social; tanto, que si usa indebidamente esta habilidad, podría ser muy peligroso. Mejor es que se deje moldear por el Señor y use esta destreza a favor del Reino de Dios.

Otro dato curioso, es el gravísimo hecho de que "autoridades superiores en la congregación" no hayan discernido la condición de dicho "pastor", antes de nombrarlo. Quizás por estar tan concentrados en su propia voluntad, dejaron de percibir la voluntad de Dios; además de estar afanados por evitar que el movimiento que alguna vez avivó a los jóvenes, resurgiera. [¡Ufffff Jhaaaa!] (Suspiramos) ¡Cuánto daño hace sobreponer nuestra voluntad, por encima de la voluntad de Dios! ¡Ayúdanos, Señor!

No pretendemos juzgar o señalar; no es intención de este libro; se recuerda que nadie está en capacidad de tirar la primera piedra. Por un lado, el finalidad es resaltar lo importante que es respetar la voluntad de Dios y lo peligroso que puede ser anteponer la nuestra; por el otro, principalmente, queremos insistir en lo trascendental que es perseverar en pro del llamamiento Divino por encima de cualquier cosa que veamos, aun en los mismos siervos de Dios. Cualquiera puede tropezar en el camino; pero siempre la mano de Dios estará para perdonar, restaurar y levantar. Sí, pero solo si se lo permitimos, arrepintiéndonos genuinamente y adoptando una actitud adecuada.

Amado lector… ¡esto lo estaremos repitiendo hasta que deje una marca indeleble un su alma!… (imagine que lo estamos mirando firmemente a los ojos y señalando con el dedo mientras le decimos lo siguiente): pase lo que pase, vea lo que vea, acontezca lo que le acontezca, falle quien le falle, le lastime quien lo lastime, se oponga quien se oponga, le traicione quien lo traicione, le persiga quien le persiga, le calumnien, lo difamen, le denigren, aunque todos le den la espalda… en fin… así se caiga el mundo a su alrededor; recuerde: jamás renuncie al llamamiento del Señor. Para las batallas más fuertes; Dios escoge, forma y necesita los mejores soldados… ¡hemos dicho!... ¡Tal cual!

Entre lo más doloroso de todo… la niña de sus ojos

Nuevamente retrocedamos un poco en el tiempo. Cuando José tenía 10 años de edad una niña nacía; ella era la hija menor de una de sus tías (madre de crianza). El nacimiento de esta niña fue un verdadero milagro; por ser neonato prematura (8 meses), en el nacimiento tenía riesgo de sufrir daños. Madre e hija, ambas en amenaza de muerte; "¿a cuál de las dos salvamos?", fue la pregunta de los médicos presentes. Ese día todo el barrio empezó a orar; pedían y esperaban que la mano de Dios obrara. Pero era una niña con propósito, la que en ese vientre luchando estaba; nada ni nadie podía evitar que Dios la salvara. El milagro se derramó y la intervención de Dios fue completa; ambas aun respiran, aire de este planeta.

Cuando llega la etapa de pre adolescencia de esta niña, ella se convierte al Señor; después de múltiples invitaciones, José logro que hiciera parte de la congregación.

Lamentablemente, ella también dejó llenar su corazón de sentimientos dañinos contra José, cuando las cosas se pusieron calientes en la congregación; cuanto le dolió por esto a él su corazón.

Si, la niña de sus ojos. Una princesa por la cual en cierta ocasión, sangre José derramaría; arriesgando su vida para rescatar a ella y a su tía; una madrugada en la que ladrones entraron al apartamento donde tranquila ellas dormían. José, sin importarle cuantos hombres habría, el vidrio de la puerta con su pierna rompió; haciéndose una herida por la que casi pierde el talón. Aun habiendo demostrado ser capaz de dar la vida por ellas; miremos que sucedió después, contando el resto de la escena.

Se menciona este episodio por algo que se puso en evidencia; mucho más doloroso que la herida causada en su pierna. Pero ¿Qué fue lo que sucedió?: esa madrugada, el día del hurto mencionado anteriormente, se llamó y habló con la policía; estos enviaron a José al hospital para que saturaran su herida. En horas de la mañana, estando José ya en casa, llegaron los demás familiares para saber más de lo que pasaba. José estaba a la puerta de entrada del apartamento, sentado con la pierna alzada y colocada en un banco, pero muchos de ellos pasaron de largo y no preguntaron siquiera como la estaba pasando. Luego, noto los rostros enfurecidos de varios de ellos esa misma mañana; pereció no importarles la herida ni la sangre de José derramada. ¿Acaso pensaban que involucrado en esto José estaba? ¿Qué era lo que pasaba?

Las mismas expresiones en ellos José notó, en posterior episodio cuando una de sus tías falleció; igualmente sucedió cuando años siguientes otro de sus familiares murió (La mejor amiga de la abuela). Hubo en cada una de estas situaciones algo en común; cada vez que estaban al límite sus emociones, brotaba este sentimiento escondido en sus corazones. Evidentemente, había algo que subsanar allí; parece ser, que las decisiones y el comportamiento de José a lo largo de su difícil proceso, aun eran causa de enojo y de mucha confusión en ellos. No se les culpa por esto; hasta cierto punto, era apenas lógico.

Algo que tiene que ver con la madre del vecino, impactó mucho a José; dicho vecino parecía ser hasta el momento, el autor material o intelectual del robo anteriormente mencionado (después se descubrió que fue un vecino diferente, pero no hubo pruebas para proceder). Pareció ser aquel el sospechoso, porque la careta de la ventana que habían quitado para ingresar a robar, el o los ladrones la dejaron en la terraza de su casa. Cuando los familiares de José se dieron cuenta de esto, se formó "la guerra de Troya" entre ellos y los familiares de aquel vecino. Los familiares de José reclamaban porque no era la primera vez que esto pasaba; habían ingresado a la casa en anteriores ocasiones. De hecho hubo un testigo que vio a este vecino vendiendo uno de los elementos hurtados. Este vecino es conocido por todos en el barrio; tiene su prontuario por diversos actos delictivos y aun sus familiares lo saben. Pero ¿a qué se quiere llegar con todo esto?: pues lo que causó gran impacto a José, al evaluar la situación después que todo pasó, fue el hecho de ver como la madre de este vecino defendía visceralmente con todo su ser a su hijo, aun a sabiendas de su condición (al día de hoy, él trata de ser diferente; sea Dios obrando). Lo defendía a capa y espada, aun siendo muy consciente de que la familia de José tenía razones de peso para pensar que era él. Por causa de ello, José, analizando la situación, realizó una triste y dolorosa comparación: por un lado, la actitud mostrada por sus familiares hacia él ese día; por el otro, la postura de esta madre defendiendo con vehemencia a su hijo, aun a sabiendas de lo que este era (esto sin justificar esta actitud). Como era defendido este hombre por su familia Vs el trato que recibió él, José, por su propia parentela. ¿Nos parece conocida la escena? Si, la escena de Jesús Vs Barrabas; en la que un culpable recibe mejor trato que El Justo inocente. (Mateo 27:15-26).

Él, José, con tristeza, pregunto: "¿Qué pasa aquí Señor? ¿Qué hago aquí mi Creador?" De esta dolorosa manera cuenta se dio, que hasta el momento, con él único que contaba, era con Dios.

Es importante anotar que lo anterior sucedió, dentro del mismo espacio de tiempo en el que José retornó a su primera congregación. Imagínese, como dicen en la costa: ¡si por allá llovía, por acá no ejk-campaba!

Lo que pretendemos indicar en este punto, además de la actitud dolorosa de la niña de sus ojos (y aún hay más respecto de ella); es como en su familia, cada vez que había una situación de dolor o desconcierto, para con él se evidenciaban expresiones de rechazo y descontento. Esta bomba podía estallar en cualquier momento. Además, también resaltamos cómo esto añadía peso sobre sus hombros, sumado a la carga ya impuesta por el estresante escenario que en la congregación estaba enfrentando. La orden de parte de Dios era: "¡Ten cuidado José! Guarda tu corazón; guarda prudencia y silencio".

¡Fueraaaa!, reprendan al diablo; Difamémoslo y saquémoslo.

Volvamos al otro "set de esta película"; al escenario en la congregación. En los servicios dominicales, por orden ministerial los integrantes del grupo de alabanza debían sentarse cerca del altar; para que cuando finalizara la predica subieran de inmediato a ministrar (adorar cantando). En obediencia, José se sentaba en la primera hilera de sillas; pero varias líneas de asientos detrás, permanecían vacías; pues sentarse cerca de él, nadie quería.

Esta situación era alimentada por el pastor principal, el cual lanzaba palabras desde el altar, indirectas y especulativas, difamando a José. Esto incitaba a la congregación para que lo rechazaran aún más. Haciendo un mal uso del pulpito e injusto uso de su autoridad (Recuerden la enseñanza tomada del libro "El vidente", mencionada anteriormente), el pastor principal alegaba ser usado –según-- por el Espíritu Santo, diciendo cosas muy fuertes de José. Aunque eran palabras lanzadas "en clave", la gran mayoría de la congregación sabía que se estaban refiriendo a él. A decir verdad, lo único que faltaba era que mencionaran su nombre. Cabe anotar que esto era frecuente mala costumbre del pastor; no enfrentaba directamente las situaciones, teniendo toda la autoridad para hacerlo. Casi siempre usaba el altar para tales fines. Solo que con José se volvió más visceral, constante, intenso…; podríamos decir que hasta personal.

Hubo otro caso en particular que evidenciaba lo que había en contra de José. Cuando él se retiró por primera vez, dejó los estudios de formación bíblica y teológica, a medias; al regresar, José solicitó continuar con sus estudios para lograr culminarlos. Sus calificaciones siempre fueron 10 sobre 10. Esto, también era algo que provocaba sentimientos contrarios no solo en alguno de los estudiantes, sino también en algunos de los "maestros" de clase. Llegado el día de la ceremonia de graduación, ese año, algo hizo falta; para esta promoción no hubo cuadro de honor. ¿A que no saben porque? ¿Tendría que ver, con el hecho de quien aparecería en el primer lugar de este cuadro? Saquen ustedes sus propias conclusiones.

De donde sacaba fuerzas José para soportar todo esto; pues de su Señor y dueño. La intimidad que manejaba con su Padre Celestial era tan fuerte, que aunque trató de tirar la toalla muchas veces, siempre era seducido por Aquel que nos fortalece (Filipenses 4:13).

¿Dijimos que aún había más respecto de la niña de sus ojos, verdad? Bueno, su apoyo hacia José en este escenario era escaso, por no decir que nulo. Por un lado, sutilmente se aliaba con otros integrantes del ministerio de alabanza para desplazarlo; por el otro, cuando los servicios en la congregación terminaban, tomaba una de las siguientes posiciones: unas veces, esperaba que José se fuera para no tener que regresar a casa con él o para que no la vieran saliendo del culto con él; en otras, se retiraba a escondidas o casi que corriendo para que José no la alcanzara. Como dicen en la costa: ¡ni te vi, ni te conozco! ¡No haces parte de mi círculo social!... Dejémoslo por el momento hasta allí; pero respecto a ella, aún hay mucho más.

Llegó un momento en el cual, José no solo le pedía fuerzas a Dios cada vez que entraba por puerta principal de la iglesia; si no que también salía casi que disparado cuando el servicio se terminaba. Era tan doloroso lo que le pasaba, que no quería siquiera darse cuenta de la forma que muchos lo miraban. Súmele a esto el trato distante de su familia, la separación de sus amistades, la soledad en que se encontraba, la mirada molesta de algunos vecinos, el trato indiferente de la niña de sus ojos... No olvidemos, lo que nunca falta: los ataques del enemigo. ¡¡¡Dios!!! ¡¡¡Una avalancha de cosas!!! ¿Cómo le hacías José?

El odio, la rabia, los celos, el repudio, desprecio, rechazo, la frialdad... eran cosas que nunca antes había recibido con tal intensidad... ¡Pero [Jum], cuidado, qué dices! ¡Estás hablando de los santos!... Bueno, ¿no dijimos que sin censura? Nos estamos refiriendo a lo que aquí le llamaremos: "el lado oscuro de la iglesia", "la sombra de la luz"... Esto es duro, es una tarea difícil y delicada; pero ¡se tenía que decir y se dijo! Es necesario advertir a la "generación de la última hora" (de la cual hablaremos más adelante), para que esta sepa a lo que quizás tenga que enfrentarse en los tiempos finales... ¡Ten cuidado José!, ¡Ten cuidado generación!... ¡Ten Cuidado!...

Se volvió una constante, casi cada domingo, lo de las difamaciones lanzadas contra José, desde el altar. Eran tan intenso el proceder, sobre todo del ministro principal, que hasta gritando, le decía: ser despreciable, indeseable, instrumento del diablo, falto de amor, vago, flojo, vividor, religioso, mentiroso... entre otros calificativos más fuertes. Es inconcebible que esto viniera del Espíritu Santo. Dios no avergüenza a sus hijos de esta manera; aun si aquello fuera cierto, Dios tampoco maneja las situaciones de esa forma; Él tiene un orden para hacerlo. Pero El Señor insistía, diciéndole: "¡Ten cuidado José!, guarda tu corazón".

Aquí surge un interrogante (o los interrogantes): ¿Porque en vez de lanzar cosas desde el altar, no llamaban a José y se lo decían personalmente a él, si tenían la autoridad para hacerlo? ¿Qué les impedía llamar a José a la oficina, de una vez por todas, para arreglar lo que suponían que andaba mal? ¿Cuál era el temor, si estaban tan seguros de lo que decían? ¿Por qué no lo confrontaban personalmente? ¿No será más bien que el mayor de los problemas no estaba realmente en José, sino en sus corazones?... Pues siendo así, ya conocemos el por qué; ya hemos hablado de la túnica de colores.

¡¡¡Pero espere, aún hay más!!! (Como dicen en los comerciales de ventas por televisión): ¡Logre lo que se pretende contra José, usando el "Súper Difama Nacho Perseguidor More Intense Max Plus Ultra"!; ¡Dele con todo!"... (Esta historia continuara)...

¿En verdad era el Espíritu Santo?... ¡Ummm! Un momento, déjeme masticarlo.

¿Qué clase de espíritu se concentra en tus errores o debilidades, descuidando tu propia integridad? Bueno, eso en caso de que realmente tuvieran razón, respecto de todo el señalamiento y juzgamiento que le hacían a José desde el altar: vago, flojo, vividor, ser despreciable, falto de amor, loco, endemoniado, instrumento del diablo... igualmente buscaban la forma de restarle valor a las oraciones y predicciones propias de sus funciones ministeriales.

El interrogante es: si en realidad hablaban inspirados por El Espíritu Santo ¿Por qué Éste no les mostraba que el espíritu de depresión (y de suicidio) estaban rondando a José? Porque en sus narices, estas entidades espirituales intentaron matarlo en diversas ocasiones; pero, para nada lo notaron. ¡Oh Espíritu de amor, Oh Espíritu Santo, Oh Espíritu de vida; tan sensible ellos de ti estaban, que no se dieron cuenta de que la muerte, a José acechaba!

Como podemos quedar tan enceguecidos por la envidia y los celos; hasta el punto de descuidar cosas tan delicadas como estas. Los detractores de José estaban tan ansiosos por verlo salir, que no percibían el terrible final que pudo tener esta novela. Ahora, si en caso de haber percibido decidieron no hacer algo, pues sus corazones estaban mucho más graves todavía. ¡Terrible! ¡Altamente preocupante! Dios nos ampare.

Saúl es desechado... David es perseguido.

En Las Sagradas Escrituras encontramos una historia bien interesante. El rey Saúl, primer rey de Israel, fue desechado a causa de su desobediencia; pues ignoró ordenes claras entregadas por Dios (1 Samuel 15). Por efecto, Dios escoge a un hombre (David) conforme a su corazón para remplazarlo; el cual estaba dispuesto a hacer todo lo que El Señor le pidiera (1 Samuel 13:14, Hechos 13:22).

Algo parecido sucedió con el pastor principal de esta congregación. Él, aún seguía "a la cabeza" de esta comunidad cristiana; pero Dios ya había revelado, anunciado y confirmado la escogencia de otra persona en su reemplazo. Este comunicado ya era conocido por José; el Espíritu Santo, en meses anteriores, le informó esta desconcertante noticia (Don de profecía Amós 3:7). Los interrogantes aquí son: ¿Cuantos miembros de la iglesia usados en este mismo don, recibieron esta información de parte del Señor?; ¿Cuantos estarían hablando de paz, no habiendo tal (Jeremías 23:17)? ¿Quiénes estarían hablando desde su propio corazón (Jeremías 23:16), dando un mensaje falso (Jeremías 23: 21-25)? ¿Cuántos quizás, estaban dando un anuncio mezclado (Jeremías 23:13), haciendo uso injusto de su poder (Jeremías 23: 9-10)? (Recordemos la enseñanza tomada del libro "El vidente", que mencionamos anteriormente).

Para cierto servicio dominical, invitaron a un pastor extranjero para que predicara. Este ministro, en medio de la predicación, a José se dirigió y de la silla lo levanto. Él, José, como de costumbre, estaba sentado en la primera hilera de asientos; como era habitual también, varias líneas de sillas detrás de él estaban vacías. El Pastor invitado, luego de hacer esto, colocó a José de pie frente a toda la congregación; posteriormente, este ministro usado en el don de profecía, se dirige al público basándose en las siguientes citas bíblicas: "I Samuel 13:14 y Hechos 13.22". Acto seguido, con un tono de voz fuerte, este profeta insistía en hacer claramente entre José y David, analogía. Pero, ¿A qué se refería?... (Esta historia continuará)...

Los celos, en algunos miembros de la congregación, se incrementaron aún más; se hicieron más frecuentes los insultos e indirectas desde el altar. Ahora era más urgente, sacar a José de la congregación; el deseo de verlo fuera, demencialmente incrementó. Sus planes ya no eran tan sutiles; se tornaron más evidentes... Como dicen en la costa: ¡Agárrate José, ponte pilas que te vienen!

¿Lo matamos? ; No, arrojémoslo al pozo... Esperen; mejor vendámoslo

En la Palabra de Dios, encontramos un episodio en particular con unos de los hijos del patriarca Jacob; hablábamos de él en líneas anteriores. José, el de la túnica de colores; el cual era envidiado por sus 11 hermanos. La envidia era tan grande, que llegaron al extremo de lanzar a su propio hermano dentro de un pozo; como si esto fuera poco, luego intentaron matarlo; pero finalmente desisten y deciden venderlo como esclavo. Es un episodio muy doloroso en el que nos preguntamos: ¿Cómo pudieron, los hermanos de José, hacer tal cosa? ¿Cómo puede una familia caer tan bajo?

Aquí podemos observar como los corazones se pueden cargar, hasta el punto de atreverse a realizar semejantes obras de maldad. Hermanos que crecieron con él, que lo vieron nacer, comían en la misma mesa, vivían en la misma morada; eran de la misma sangre, pueblo, linaje... Sin embargo, esto no impidió que concretaran, las dañinas intenciones en sus corazones albergadas.

Un dicho popular se cita: "Caras vemos; corazones no sabemos". Hay cosas que solo son posible ver a través de los ojos del "discernimiento"; don que solo es otorgado por Dios. Para desarrollar esta habilidad, generalmente somos sometidos por el

Señor a cierto tipo de entrenamiento; pues el corazón necesita ser preparado para hacer correcto uso de gran responsabilidad. Esta preparación es necesaria para que aprendamos a ser objetivos y "que no nos afecte" lo que percibimos o la información que recibimos de parte del Señor. Aunque, claro que emocionalmente afecta, porque somos de carne y hueso; no de piedra. Lo que pasa es que en la intimidad somos consolados y fortalecidos por el Espíritu Santo. A lo que nos referimos cuando decimos "que no nos afecte", es al hecho de seguir amando a pesar de lo que por discernimiento (u otros dones espirituales) Dios nos conceda saber de otras personas (lo que hay en sus corazones). No es fácil manejar este tipo de información, además de tener conocimiento de situaciones particulares, ya sea que los eventos estén sucediendo en el presente o se sepa de antemano lo que sucederá en el futuro. Otro aspecto que es necesario aclarar, es saber que Dios se reserva el derecho de decidir a quién le da dicha información; no tratemos de persuadir a Dios para que nos muestre cosas que Él no está interesado en mostrar; si insistimos, esto puede abrir puertas a los malignos espíritus de adivinación, lo cual es abominación delante de Dios (Deuteronomio 18:9-14). Nos disculpamos si algunos no comprenden; próximamente hablaremos, sin mayor profundidad, un poco de este tema (discernimiento espiritual).

Refiriéndonos nuevamente a nuestro José, no el de las sagradas escrituras, sino el coprotagonista de este libro. Parte de su entrenamiento era precisamente desarrollar dicha habilidad (don espiritual) otorgada por Dios, para que pudiera percibir ciertos pensamiento y las intenciones de algunos corazones. Al inicio no entendía muy bien lo que Dios le mostraba; pensaba que eran ideas equivocadas, que solo era producto de su imaginación, engaños del enemigo o de su propio corazón. Pues le costaba creer que algunos de sus hermanos, mentores, líderes principales… de la congregación, guardaran tales sentimientos en su interior. Pero era Dios quien lo estaba capacitando y enseñando a discernir para que supiera, hasta dónde puede llegar una persona (aun siendo cristiana) cuando no procura guardar su corazón. Ahora mayor sentido tenía la orden que de Dios venía: ¡Ten cuidado José!, sobre toda cosa guardada, guarda tu corazón.

En cierta ocasión, Dios habló al corazón de José, diciendo: "Mira lo que sucede en mi iglesia, mira lo que hay en sus corazones, mira de lo que ustedes pueden ser capaces". Luego de exponerle todo esto y más, El Señor le pregunta de forma radical: "¿aun así me quieres servir?". La respuesta de José, claramente fue: "Sí Señor, si es lo que quieres, eso haré"… "Soy de ti, heme aquí".

En el libro "El vidente" de Jim W. Goll encontramos lo siguiente, respecto del discernimiento de espíritus humanos: "Otra área del discernimiento es la habilidad de discernir al espíritu humano – el verdadero carácter o motivación detrás de las palabras o acciones de una persona-, aún si está escondido de la vista. Jesús poseía esta habilidad a un grado excepcional. Un ejemplo es su primer encuentro con Natanael, uno de sus discípulos (Juan 1:45-49)… Simón Pedro demostró tener la habilidad de discernir la condición del espíritu humano, cuando se encontró con un hechicero llamado Simón (Hechos 8:17-24)". Para ello juega un papel muy importante, el hecho de guardar nuestro corazón; teniendo el cuidado de no realizar conjeturas de nuestra propia imaginación, por causa de sentimientos contrarios que podamos albergar.

"Es el tiempo del adiós"… nuevamente, otra letal estocada final.

Era tan doloroso para José darse cuenta cómo algunos esperaban, buscaban, provocaban oportunidad de hacerlo invisible. El deseo de no verlo avanzar estaba allí en sus corazones, queriendo apagar su luz espiritual y ministerial.

Algunos deseaban verlo caer, era algo impresionante; otros solo le encarnecían por diversión, pero esto también añadía peso a su situación. Gran parte de la congregación aguardaban con ansias el día de verlo marcharse nuevamente.

Se preguntaran quizás: "¿Cómo es posible que tantas personas, sintieran eso contra José? ¿No será que el problema era él o estaba en él?". Bueno, hagamos una analogía con el José de las escrituras y evaluemos el terrible daño que sufrió por parte de sus hermanos. Respecto de ello, tratemos de resolver dos preguntas excluyentes, que le abren paso a otro interrogante más: ¿Acaso era José un monstruo? o ¿había algo oculto en el corazón de sus "11" hermanos?; pues, ¿cómo es posible que "11" hermanos sintieran lo mismo y consintieran hacer lo mismo? Eso quiere decir que no siempre hay razón de ser en el parecer de la mayoría. Lo dejamos a su criterio. Por más errores que pudieran tener ambos José, nada justifica humanamente, todo el daño que recibieron.

Convirtiéndose esto en una insoportable situación que se salía de control, nuestro José no soportó y nuevamente se retiró. Había tolerado demasiado; de todo esto ya estaba muy cansado. Ciertamente se fortalecía en el Señor y guardaba su corazón; pero sentía que nada iba lograr si seguía sumergido en esta condición.

¿A que no saben, quién dio la estocada final nuevamente? De la misma forma dura, seca y dolorosa; pero ahora más contundente. Si, la pastora principal, la misma persona que la vez anterior le dijo: "es mejor que te vayas". Ella, nuevamente manejó la situación como la vez anterior; no personalmente, ni frente a frente, sino por internet. En esta ocasión, escribió por un medio similar al anterior; antes por correo electrónico, ahora por mensajería interna en redes sociales. Lo que ahora ella redactaba, más visceral se notaba; la frase final, esto era lo que citaba: "Es el tiempo del adiós". Gran tristeza, solo estaban esperando el más mínimo resbalón de José; pues este cometió un ligero error que fue maximizado y, como dicen en la costa: "Papaya ponída, papaya partida; chao que te vi". Lo anhelaban desde hace mucho, así que solo era cuestión de tiempo.

Pero aquí hay algo mucho más delicado; era lo que esta mujer en su corazón poseía (quizás también en el de su esposo); condición que no solo a José le afectó, sino también a todo aquel que de esta congregación se retiró (no sabemos si aún afecta a los que se quedaron). Tiene que ver precisamente con los efectos de no saber guardar el corazón y con otro ingrediente igual o más peligroso: Temores; temores que le abren paso al egoísmo, al egocentrismo, a otras emociones y sentimientos dañinos.

Hay un pasaje inquietante en el libro de Job, a quien la Biblia describe como un hombre justo; pero había algo en él que en parte le abrió puertas al enemigo para que entrara e hiciera de las suyas. Algunos de ustedes dirán: "¡pero Dios le dio permiso al enemigo para que tocara a Job!"; claro que sí, pero esto que describe el siguiente versículo, pudo ser el detonante o la puerta de entrada.

Job 3:25 dice:

> *Porque el temor que me espantaba me ha venido,*
> *Y me ha acontecido lo que yo temía.*

Por un lado, el temor le abre puertas al enemigo; por el otro, nos hace cometer cosas que pueden truncar los planes de Dios y, obviamente, el enemigo toma ventaja de ello. Precisamente, en la pastora principal (quizás también en su esposo) había o es posible que aún exista un temor (o temores); esto tiene que ver con el hecho de que alguien "bajo su autoridad", sobresalga por encima del "ministerio de ellos". Esto la conduce a ella, a tratar de esconder, tapar, reducir o, en el peor de los casos, eliminar todo lo que considere una amenaza para "su ministerio". No pretendemos decir que lo hace con macabras intenciones, ni más faltaba; pero sin darse cuenta, esto la convierte en instrumento que está retrasando o estorbando los planes de Dios. Tanto, que inclusive ha perjudicado "su propio ministerio" (la congregación que tienen a cargo). Las preguntas aquí son: ¿A quién le conviene esto? ¿A favor de quien termina resultando?; por su puesto, obviamente a favor del enemigo.

Inconscientemente, por causa de ese temor presente, quizás se han comportado, como siervos ambivalentes. Claramente dice el Señor: *"el que no es conmigo, contra mí es; y el que conmigo no recoge, desparrama"* (Lucas 11:23). Puede que esto incluya a los "salvos" que no se someten a su voluntad, a los que la estorben o a los que sometiéndose a medias, estén perjudicando los planes de Dios. Es necesario mirar más allá de nuestras narices; ¡se nos puede olvidar! que solo somos siervos o mayordomos a disposición de nuestro Señor. Que no hay tal cosa como "mi o nuestro ministerio", porque no son nuestros; más bien es nuestra asignación, función, tarea o labor ordenada por Él. Solo somos instrumentos en sus manos, y lo que cada quien hace como "siervo de Dios", es una partícula o un diminuto engranaje; el cual "debe" operar para un sistema más grande que es "Su propósito", no el nuestro. No está demás decir, que todo es por Su gracia.

José, no fue la única pieza de esta congregación que se retiró por causa de ello; también fueron blancos otras personas con grandes potenciales: Los pastores de Jóvenes, los pastores que lideraban el ministerio de pareja entre otras parejas y personas con potenciales ministerios. Si no se soluciona lo anteriormente descrito, lo más probable es que la lista siga creciendo. Aunque para ser sinceros, algunos se retiraron también por intereses particulares; no todo puede recaer sobre los pastores principales. En distintos aspectos, aquí hay responsabilidades compartidas; incluyendo a José. Todos tienen algo que aprender de lo sucedido; ¡eso se espera! Que la lección esté aprendida.

Respecto de los temores, claramente La Palabra dice: *En el amor no hay temor, sino que el perfecto amor echa fuera el temor* (1 Juan 4:18). Es de carácter urgente sacar fuera estos temores; que no nos pase como a Job, al cual le aconteció precisamente lo que temía. Peor aún, y esto sonara fuerte: que Dios tenga que quitar del medio o llevarse con Él a todo aquel que definitivamente insiste en estorbar retrasando sus planes. Recordemos que para Dios poder levantar a David, fue necesario que muriera Saúl; aun su hijo Jonatán, sufrió las consecuencias. El que tenga oídos para oír, oiga: ¡oído "generación Saúl"; oído "generación davídica"! ... oído "Generación de la ultima hora".

9. "¡Hola soledad, tiempo sin verte!" "¡Hola a ti también!"

¡Cuidado… dúo altamente peligroso!

Agridulce temporada… emociones encontradas

José, nuevamente recibe una muy conocida visita: "la soledad". Pasó algún tiempo en el que estuvo aparentemente calmado y tranquilo; no quería congregarse en ninguna parte. Trataba de cumplir la orden del Señor con respecto a guardar su corazón; pero de vez en cuando llegaba la voz que recordaba todo lo sucedido convirtiéndose su mente en todo un lio. Se fortalecía en el Señor y de momentos la paz invadía su interior; pero otras veces se filtraba la rabia, el rencor, la impotencia, la desilusión…

Postrado, cayó en cama; su mundo se redujo a un vaivén entre la habitación y la sala. Bajaba y subía, pensando que haría; así transcurría el día a día. No sabía a donde ir, ninguno de sus conocidos con él se comunicaba, y a nadie él contactaba; estaba fastidiado, todo le deba lo mismo… ¿Cómo podemos llamar esto?: Sí, "depresión".

Sumergido en un letargo, casi no salían palabras de sus labios; no sabía cómo explicarle a la familia lo que había pasado con los "santos". Como decirle a su familia natural, que aquella familia espiritual por la que ellos creían haber sido "cambiados", eran en gran parte responsables de que él presentara este delicado y denigrante estado. Además, José temía difamar al cuerpo de Cristo, delante de sus familiares; al ser inconversos, él no quería que esto estorbara de algún modo, evitando que se convirtieran al Señor.

Pero su familia no es tonta; sabía que algo fuerte había pasado. La primera vez que José se retiró de la congregación, ellos le preguntaron: "¿qué te pasó?, tu amabas estar allí"; pero él, guardaba silencio. Luego, cuando él brincó de congregación a congregación, ellos observaban sin cuestionamiento, pero les extrañaba mucho esto. Ahora, en esta última ocasión, miran este degradante estado de José y no saben qué hacer; pues él estaba encerrado en su propio sufrimiento.

¿Qué de la niña de sus ojos? Bueno, no era de gran ayuda; solo pasaba, si acaso lo saludaba y no hacía nada. En vez de ello, hacia ciertas cosas que desconcertaban a José y lastimaban aún más su corazón; pues él esperaba de ella, anhelantemente, una mejor disposición.

¿Qué de sus viejos amigos? ¿Aquellos con los que anduvo antes de convertirse al Señor? Bueno, en ocasiones pensó volver hacia ellos, pero no se atrevía; había pasado mucho tiempo separado de los mismos y temía de cómo lo recibirían. Recién convertido, se alejó de ellos para crecer espiritualmente, pensado posteriormente regresar con buenas nuevas de lo que Cristo puede hacer, y dándoles un testimonio alentador para que se convirtieran a Él; pero sucedido todo este embrollo, con qué sustento llegaría José para decirles "Vengan a Cristo". Como comunicarles que su vida estaba "arruinada", que sus sueños no se habían cumplido, que había dejado todo por causa de Cristo… ¡Si, como no! ¡"Mira cómo te tiene, el dejarlo todo por Cristo"! --temía escuchar esto en boca de ellos-- Como narrarles que todas aquellas personas por las cuales él los había "olvidado y cambiado" (Repetimos: esa nunca fue su intención, si no volver con buenas nuevas), habían causado tanto daño a su persona. No, esto no era de buen testimonio; al igual que con sus familiares, José no quería que esto fuera piedra de tropiezo que evitara la entrega de sus vidas al Señor.

Todo esto que pasaba por la mente de José, quizás solo eran falsos argumentos; pero sucede que el "señor depresión"(es un espíritu) no colocaba en José los mejores pensamientos, mintiéndole todo el tiempo (leer Juan 8:44). Así que decidió tomarse el trago amargo, o los tragos amargos, él solo. Esa es la misión del "señor depresión": reducir a la persona en soledad; y es allí donde el peligro está; porque luego se abres puertas a otro "señor" del cual hablaremos a continuación. Entiéndase que al decir "señor", nos estamos refiriendo a espíritus del ejército enemigo, ejército de las tinieblas, ejército del mal; llamémoslo por su nombre: ejercito de satanás. El que solo existe y tiene como objetivo hurtar, destruir, matar (Juan 10:10).

Otro "señor" peligroso… visita antes recibida.

Este otro "señor", había tocado su puerta varias ocasiones atrás; José lo combatió e hirió, pero este espíritu buscaba la oportunidad de regresar. La penúltima vez, fue después de suceder el episodio con aquella joven; si, aquella que lastimó su corazón. Ahora entenderán con más claridad porqué la fuerte frase, contenida en la narración de aquel episodio con la fémina en mención; la cual cita que ella fue, "un instrumento propicio usado para hurtar, matar y destruir". ¡Suena fuerte, no! pero ya veremos por qué.

Este peligroso visitante era nada más y nada menos que el "señor suicidio". En la penúltima ocasión, José intentó por varios días seguidos tragarse un granulado de pesticida para roedores. En aquellos días, este peligroso veneno era regado por una de sus tías todas las noches, en su apartamento, para matar los ratones. Este departamento estaba ubicado en un segundo piso con balcón compartido, justo al lado de la habitación de José. Para despejar su mente un poco y restarle impacto a la depresión, José se quedaba en las noches allí, en la sala de dicho apartamento viendo televisión. Cuando ya todos estaban durmiendo, llegaba el momento de mayor acción por parte de dichos "Señores" (depresión y suicidio); esta alianza se intensificaba con mayor concierto y furor en este horario nocturno. José dejaba la puerta de entrada al apartamento sin asegurar; la cizaña sembrada por los "señores" empezaba a germinar. Todas las noches se desvelaba, pensando y entristecido noctambulaba. Del cuarto al apartamento; iba, venia, rondaba y allí el granulado de pesticidas se encontraba. El veneno estaba allí regado junto a la sala; mirando fijamente y seduciendo, al Joven solitario y deprimido que salida no hallaba. "Esa es la solución", al oído alguien le decía; fue tentado por varias noches, a cometer esta estúpida fechoría.

Miremos como José había recibió antes la visita de este "señor"; analicemos ahora, cómo opera el enemigo y cuales son algunos de sus métodos para destruir usando esto espíritus. Si hemos evaluado completamente la historia, notaremos, que todo fue aconteciendo de forma sistemática, progresiva y creciente; el ejército del enemigo está muy bien organizado; no debemos subestimarlo. Todo Empezó por algo mínimo, por algo aparentemente insignificante y miren hasta donde llegó el calibre de esta situación. No en vano dice la escritura que no ignoremos las maquinaciones del enemigo (al ejercito de satanás), para que no tome ventaja sobre nosotros (2 Corintios 2:11); pues ya sabemos a qué se dedica (Juan 10:10). Por más pequeñas que sea la cizaña, debemos estar siempre alertas; de hecho las más sutiles pueden ser las más peligrosas; desde lo más pequeño puede desarrollarse una gran catástrofe. No que tengamos que andar con paranoia todo el tiempo; pero si estar alertas, sobre todo a las advertencias que el Espíritu Santo proporciona.

Recordemos, que el intento de suicidio con el pesticida, sucedió después de José "retirarse" (lo echaron) de la congregación por primera vez. Aquí el periodo de soledad fue corto (alrededor de tres meses); sin embargo, hubo depresión con significativo nivel de intensidad. Pero cuando José se "retira" (lo echaron) por segunda vez, el ataque de estos "señores" fue mucho más contundente, de tal manera que casi logran su objetivo. A continuación narramos lo sucedido.

Otra vez el mismo escenario: El balcón compartido, ubicado en el segundo piso; el vaivén entre su habitación y el apartamento de su tía; todas las noches se desvelaba, pensando y entristecido, noctambulaba... EL mismo modus operandi: Cuando todos se iban a dormir, él quedaba despierto, dejando sin cerrojo la puerta del apartamento. Nuevamente, las voces en su cabeza; la soledad, la depresión y el suicido le acechan; ahora un nuevo y más poderoso ataque, se gesta. Se embriagó, mezclando vino y whisky, teniendo muchos años sin probar una gota; José intenta inútilmente callar las voces que lo agotan. Luego, trató de acostarse en el mesón de la cocina, para dejar el gas de la estufa escapar, anhelando quedar dormido sin despertarse jamás. Pero antes de esta necia acción cometer, su estómago empezó a arder y su presión arterial comenzó a bajar; tan fuerte era el dolor que lo hizo gritar y a una de sus primas empezó a llamar. Ella, corriendo, bajó; en el sofá acostado, llorando lo encontró. ¿Qué te pasa?" –Angustiada, ella preguntó--; pero la vergüenza no daba chance de contestación. Ella, saliendo al balcón, mayormente se preocupó; una gran mancha roja, sobre el piso, divisó. Pensó que era sangre; pero era la mezcla de bebidas alcohólicas que José había trasbocado antes. Al resto de familiares, ella corrió a buscar; finalmente, lo llevan de urgencias al hospital.

Su familia nunca se enteró de lo que José intentó hacer; simplemente dijo que había mezclado whisky con vino, sin explicar para qué. Se hizo habitual y muy frecuente en él, guardar silencio sin dar detalles; ellos, sus familiares, no insistieron en preguntarle. En la clínica, destroza le colocaron... a la casa nuevamente lo enviaron y aquí nada había pasado. Cabe anotar que llegó al centro de salud con la presión arterial en niveles bajamente peligrosos; la doctora de turno colocó una mirada de gran asombro. Medicamente no se explicaba, como José aun respiraba; pero era la mano de Dios, la que en medio de todo, lo guardaba.

Días posteriores, arrepentido pide perdón a Dios; también pide ayuda al Espíritu Santo para salir de esta condición. Esta experiencia abrió sus ojos y así descubrió que sería presa fácil del suicidio si seguía en depresión. Era necesario tratar este aspecto, fortaleciendo su área emocional (Proverbios 4:23) y mental (Filipenses 4:8); tratando de sobrellevar este periodo sumergido en la paz que sobrepasa todo entendimiento (Filipenses 4:6-7). Sin embargo, aún se encontraba "solo"; rodeado de gente, pero humanamente "solo" (Dios estaba allí).

José, empieza a trabajar intensamente en la sanidad de su corazón. Desatando perdón, despojándose de todo sentimiento contrario, tratando de mantenerse en calma, siendo prudente y pidiendo al Señor sabiduría; en fin, apropiándose del consejo dado por Dios para enfrentar este tipo de situaciones. Sobre toda cosa guardada; guarda tu corazón.

En su estado de salud, después de lo ocurrido, quedaron algunas secuelas; parece que la baja de su presión le afecto. "Vértigo paroxístico benigno", sufrió por algunas semanas, quedando varios días en cama; al levantarse debía hacerlo lento y de igual forma caminaba. Si hacia movimientos, giros o caminaba bruscamente; se mareaba y de lado se balanceaba. En el peor de los casos podía caerse y daño hacerse. Duró un largo periodo bajo tratamiento, recetado por un médico interno; fueron otras semanas difíciles, pero a levantarse, él estaba depuesto.

La noticia corrió y, sin saber el fondo de lo ocurrido, algunos (nótese que decimos "algunos") aprovecharon para hacer acomodadas especulaciones. Esto calmaba un poco sus conciencias y daban alimento a lo albergado en sus corazones. Aludieron a la locura y llegaron al extremo de tratarlo de endemoniado. Trataron de restarle crédito a todo lo que él antes había anunciado "proféticamente" y, a su sensibilidad espiritual; según ellos, lo que había dicho José en pasadas ocasiones, no provino del Espíritu Santo, sino de otro espíritu, o quien sabe de dónde. Bueno, eso les convenía creer para justificar, a la vez, lo que en sus corazones albergaban en contra de él. ¡Pero, José, usted dedíquese a seguir el consejo de su Señor!: "sobre toda cosa guardada, guarde su corazón"

Nuevamente otro traslado… pero nada de nada

Luego de aproximadamente un año sin congregarse, decide visitar otra iglesia (quinta ocasión de traslado). Advertimos anteriormente, que esto no es para nada recomendable; no debe tomarse a la ligera y mucho menos como un ejemplo a seguir. Correcto o no, la intención de José era encontrar un sitio donde verdaderamente le ayudaran a sacar adelante su llamamiento. Anhelaba una congregación libre de todo aquello que había padecido; y quería dejar todo en el olvido.

Lo que si nos atrevemos a sugerir (con el respeto de los que no estén de acuerdo), a todos aquellos que tienen absoluta e indudable evidencia de tener un llamamiento de parte de Dios para el ministerio, es lo siguiente: Primero, asegúrese de ello, recibiendo confirmación y reconfirmación. Luego, si ve pasar el tiempo y percibe suficientes motivos para creer, que el lugar en el que se encuentra no le ayudará a crecer; ore a Dios y busque el sitio indicado. Lo ideal es hacerlo en los mejores términos; pero lamentablemente, para José, no fue así.

Lo que sí es seguro, es que cuando estemos delante del Dueño de la Viña (El Señor), en la eternidad, rindiendo cuentas como obreros, nadie estará al lado nuestro; cada quien particularmente será responsable, del balance rendido por el ejercicio del llamamiento. Cosas como los frutos que obtuvimos, la administración de los dones, la multiplicación de los talentos...etc; son por las que entregaremos cuantas a Dios (Mateo 25: 14-30). Esto incluye dar cuentas por la familia, las almas, el tiempo, el dinero... aun daremos cuentas por palabras que salgan de nuestra boca (Mateo 12:36). No nos malinterprete; esto no es un llamado al individualismo y mucho menos a la rebeldía; todos somos miembros de un solo cuerpo y la sujeción a las autoridades es menester para la coordinación de la obra. Pero si está junto a personas con quienes definitivamente es imposible ponerse de acuerdo (Amós 3:3), será en vano cualquier intento de avance y crecimiento (Marcos 3:24).

En esta "quinta ocasión", sucedió algo en particular; lo cual también suele pasar en algunas iglesias (congregación, comunidad...). José Intentó pasar desapercibido, pues ya tenía más o menos idea de lo que ocurre en ocasiones, con aquellos que ingresan a una congregación después de abandonar otra. Suele suceder, que cuando llega un desertor de otra congregación, se nota entre los miembros de ésta cierto recelo; tanto, que guardan un margen de protección; y en ocasiones resistencia debido a ciertas diferencias ministeriales (no intentamos explicar esta problemática). Uno de los argumentos para justificar esta actitud, puede ser el siguiente: "si se salió de allá, algo malo debió hacer; debemos tener cuidado respecto de él". Esto hasta cierto punto es entendible, pues ciertamente algunas personas se retiran de las congregaciones debido a comportamientos cuestionables; pero no son todos los casos, y esto podría convertirse en una gran limitante para quienes llegan en busca de apoyo y restauración.

Resulta que en esta congregación, ya lo conocían y sabían de cual otra comunidad venía. Desde el primer día, fue señalado por uno de los miembros (ministro de alabanza), de una manera muy incómoda y vergonzosa. Dicha persona, con muestras de enojo y rostro fruncido, apuntó con el dedo frente al rostro de José (de forma juzgante y acusativa), y delante de otras personas le reclamó, diciendo: ¡yo a ti te he visto en algún lado!... ¡Tremendo! Así como como si hubiese visto a José robando, estafando o haciendo algo malo; porque la forma en que lo dijo, daba que pensar. A pesar del vergonzoso y denigrante episodio, José siguió asistiendo.

Algunos estaban tan a la defensiva, que aun refiriendo su estado de salud a personas de esta congregación (recuerden el vértigo; necesitaba caminar lentamente), sucedía lo siguiente: en algunas ocasiones, caminando hacia la iglesia, o de regreso a casa junto a varios miembros de esta congregación, estos lo dejaban atrás; era tan evidente el hecho de no querer juntarse con él; tanto que no les importaba su estado de salud y ni se ofrecían para siquiera ayudarle a caminar… y eso que no contamos lo que le sucedió en una santa cena ¡¡jajaja!… ¡Wao! ¡Increíble! ¡Insólito! ¡Inaudito!... mejor dejémoslo hasta allí. Cabe aclarar que no todas las personas se comportaron así; de contadas personas se recibió un trato amable. Finalmente, José, también se retiró de esta congregación.

¡Ajá José! ¿Otro cambio?… Bueno, todo bien; como dicen en la costa: ¡el último y ya!

Luego de retirarse, contactó a un pastor conocido por él, el cual atendía cierta congregación en una ciudad vecina; este le pide viajar hasta allá para personalmente conversar. José se radica por un tiempo en esta otra ciudad con intención de apoyar la obra; realmente, a pesar de todo, no quería tirar su llamamiento por la borda. Pero ¿De dónde conocía José a dicho pastor? Bueno, este fue invitado en múltiples ocasiones, para que predicara en aquella primera congregación, donde José padeció aquella avalancha de situaciones. Muchas veces este pastor, públicamente confirmó el llamamiento de Dios para José. Curiosamente, también fue el mismo pastor que realizo aquella "bendita chanza"; aquella broma que abrió paso a el episodio entre José y la jovencita antes mencionada (No hay intenciones de señalarlo como responsable).

Volvamos al tema de la radicación en la ciudad vecina. Estando en aquella ciudad empezó a realizar cierta función comercial que no le agradaba, por ser a su parecer muy pesada. Salía a tempranas horas de la mañana y regresaba en ocasiones alrededor de la media noche. A ello sumemos el baño de sol al que diariamente se exponía; pues la tarea consistía en transportar mercancías para vendarlas puerta a puerta. Eso, sin contar que en varias ocasiones fue víctima de delincuencia común; pues le tocaba frecuentar barrios altamente peligrosos. En uno de esos casos fue asaltado con arma blanca; hubo represalia con disparos y hasta un herido; algo que en su ciudad natal nunca le había sucedido. Es respetable la realización de este trabajo puerta a puerta, y de alguna forma José agradecía esta oportunidad; pero de que era pesado, lo era. Mucho más duro le daba siendo él una persona con título universitario. Luego de algunas semanas, de la noche a la mañana, esta actividad comercial cesó; el dinerito que se percibía, así fuese una labor pesada, siempre ayudaba… ¡hay Dios santo, ahora sí que hacía falta!

Finalmente, algunos inconvenientes, tales como estar lejos de su casa, no tener vida laboral ni social (aunque hace tiempo no la tenía y posteriormente no cambio mucho este aspecto), el tener que iniciar y pagar nuevamente el precio que ya había pagado y repagado (ministerialmente hablando). Todo esto hizo que regresara a su ciudad natal, a su casa, para estar junto a su familia

Increíblemente, en sus familiares encontró actitud un poco más favorable y diferente; José, estando en aquella otra ciudad, les envió un video por redes sociales. En este pedía perdón por la actitud incomprensible que habían notado en él todos esos años (muchos años); también, habló de uno que otro tema.

Cabe aclarar que quienes le apoyaron, atendieron y recibieron en esta otra ciudad, fueron excelentes hospedadores; José estaba altamente agradecido con ellos. Los pastores principales de la congregación, la sobrina que vive con ellos, los ancianos que se hospedaban en la iglesia (en la cual José se instaló por un buen tiempo), los pastores juveniles en cuya casa también se alojó...en fin, una excelente atención. La "lucha" o, como dicen en la costa, "el tire que jala", mayormente era entre Dios y él; realmente ya estaba cansado de nada emprender.

Dios no me va a soltar y yo mucho menos a Él... con el apoyo de ustedes o sin él, lo haré...

Regresó a casa con intención de pasar navidad y año nuevo en familia. Este tiempo lo tomó para decidir, si regresaba nuevamente a la ciudad vecina o se quedaba en la ciudad natal junto a su familia.

En cierta ocasión, observando que su familia estaba en otra actitud, decide confrontarlos; parafraseando, esto les dijo: "Después de todos estos años, en los que han observado cambios en mi comportamiento, hay evidencias de que realmente estoy dispuesto para servir al Señor y quiero cumplir con este llamamiento. Ya se dieron cuenta, por diversos acontecimientos, de que Dios no me va a soltar y yo mucho menos a Él. Así que definitivamente, yo quiero saber si están conmigo. Con el apoyo de ustedes o sin él, yo lo haré; pero quizás, resultaría menos complicado si cuento con ustedes..."

Realmente, José solo conversó con tres miembros de la familia; la abuela y dos tías principales. Ellas, con la cabeza gacha, sabiendo que más firme y serio que nunca él hablaba, asintieron expresando posteriormente solo algunas cortas palabras.

Ese mismo año, 2017, José es contratado por una empresa relativamente joven; prestaba servicios a ésta, realizando actividades artísticas dirigidas a la prevención y protección, para la salud y la seguridad en el trabajo. Nada tenía esto que ver con la profesión que estudió, y a la cual renunció; pero con el ejercicio de esta actividad diferente, estaba ejerciendo parte de lo que le gustaba, las artes. ¡Y por supuesto!, a la vez ganaba algo de dinero; lo cual ¡¡¡obviamente era de gran ayuda!!! [Uffff Swúuuu] (Gran respiro y suspiro); gracias a Dios. Cabe anotar, que jamás dejaba de pensar en la asignación o llamamiento de Dios; siempre lo tenía presente esperando la oportunidad de activarlo y proseguir al blanco (Filipenses 3:14).

Comenzando el año 2018, José lleva a cabo la apertura de una iglesia (comunidad, congregación) en su ciudad natal… (Esta historia continuara)…

Amado lector, miren todo lo que José padeció; hacerlo pasar por "mártir" no es la intención. Solo queremos entregarle unas palabras para motivarle: pase lo que pase levántese, permanezca y avance. ¿Que si José tuvo ganas de tirar la toalla?; ¡por supuesto que sí!, y en muchas ocasiones. Él pudo sacar múltiples excusas para apartarse de Dios y de su llamamiento; tenía suficientes argumentos. Pero con altas y bajas, sin importar lo que estaba pasando, siempre buscaba levantarse y seguir avanzando.

"Levantarse después de una caída, es de valientes volverlo a intentar"; así comienza una de las canciones escritas por José, pues a él le toco levantarse más de una vez. Porque el justo puede que caiga siete veces, pero siete veces se levantará (Proverbios 24:16). Hay un vivencial y poderoso consejo en esta canción; algún día la escucharas, amado lector; el estribillo (parte de una canción), dice: Solo cae 7 veces quien lo ha vuelto a intentar; quien sigue confiando, se levanta y persevera una vez más. No te rindas, dale, avanza, a la meta corre ya; toma Su mano, ten confianza, Dios te acompaña hasta el final… ¡Levántate ya!

Pero, hay un testimonio mejor que el de José: El propio Jesús, en cierta oportunidad pide al Padre, de amarga copa librarse; pero finalmente se dispone y a su Padre le expone: "…*no sea como yo quiero, si no como tú quieres*" (Mateo 26:36-39). Con esto, aceptaba por encima de todo lo demás, la voluntad de su Padre Celestial. Es posible, quizás, que esto haya sucedido en más de una oportunidad; pues los episodios que Jesús tuvo que pasar eran propicios para decir: ¡ya no más!

Jesús necesitaba fortalecerse en el Padre; nuestro José lo hacía a cada instante; le recomendamos a usted, amado lector, del Señor siempre aferrarse. En nuestras propias fuerzas jamás podremos avanzar; es con Su Santo Espíritu que lo podemos lograr (Zacarías 4:6)… ¡Ahora sí, la última y ya!: pase lo que pase dentro o fuera de la congragación; jamás renunciemos al llamamiento del Señor… ¡Pórtense bien!… Abrazos y bendición.

10
Nuevos tiempos, nueva gente
Generación emergente
Tiempos de desconcierto; a la espera de un gran avivamiento.

GENERACIÓN DE LA ÚLTIMA HORA
(Mateo 20:1-16)

Hay un remanente que Dios tiene reservado, guardado y protegido para un gran evento. La generación que los hombres no han querido contratar, será contratada y levantada por El Padre Celestial. En la última hora, en los últimos tiempos, para el último gran avivamiento. Cuando esto suceda muchos se indignarán y se preguntarán: ¿por qué a ellos y no a nosotros que llevamos más tiempo?...

Escucha "Generación de la última hora"; obreros y siervos del Señor: deben prepararse para lo que vendrá; porque algunos de los obreros contratados "horas" anteriores, no estarán muy contentos cuando suceda lo anteriormente descrito... "El que tenga oídos para oír, oiga" (Mateo 13:9... recomendamos leer el capítulo completo, al finalizar este libro); esto es para "entendidos en los tiempos"... [Es indispensable leer la cita bíblica arriba referenciada y meditar en ella (Mateo 20:1-16)].

En relación, tal como Saúl fue desechado por no cumplir directrices de Dios (1 Samuel 15); igualmente, muchos serán removidos por causa de su incumplimiento. Saúl, siguió reinando por un tiempo, pero ya Dios lo había reprobado; del mismo modo hoy día hay muchos, que aunque siguen aparentemente "a la cabeza" de sus congregaciones, ya fueron desaprobados desde hace mucho tiempo.

En efecto, Dios levantará a su "generación Davídica" (1 Samuel 13:14); un remanente conforme a su corazón que hará todo lo que Él pida (Hechos 13:22). Esta "generación de la ultima hora" provocará que los cielos se abran, desatando gran avivamiento. Pero este remanente debe estar preparado, porque muchos "Saúles" al ser desechados, sus corazones no guardados (Proverbios 4:23) abrirán puertas. Los celos, la envidia, la rabia, la impotencia... todos estos sentimientos dañinos y más, se apoderarán de ellos. Igual que al Saúl de la Biblia, estos nuevos Saúles perseguirán a esta nueva generación davídica. El que tenga oídos para oír, oiga; esto solo es para "entendidos en los tiempos"

Pero en este escenario, habrá otros que si entenderán y a la "generación Davídica" ayudaran; reconocerán que cumplieron su siclo. Comprenderán que, al igual que Juan El Bautista, han preparado a otros el camino, para el desatar de este gran evento. De cada quien dependerá, el guardar su corazón; ser de utilidad o llenarse de sentimientos dañinos y estorbar. "Porque delante de Dios, cada quien es responsable de guardar su propio corazón".

Saúl mato miles y David diez miles (1 Samuel 18:7-8), es el cantico que aún despierta emociones viles; provocando que "Saúles" persigan "Davies" (1 Samuel 18:9-11). Algunos "Saúles" trataran de apagar ministerios (llamamientos) de "Davies", pretendiendo recuperar lo que perdieron por desobedientes. Tranquilo, Davies; Dios está con ustedes (1 Samuel 18:12); no teman (Isaías 41:10)... Sin embargo: ¡Ten cuidado, José! ¡Ten cuidado, Generación!; ¡Sobre toda cosa guardada, guarda tu corazón!... (Esta historia, continuara).

Esperamos que este libro
haya sido de vuestro agrado.
Para información o comentarios,
escríbanos a la dirección
que aparece debajo.

Muchas gracias.

bruinsig@gmail.com

Made in the USA
Middletown, DE
28 February 2023

25897696R00064